世界伟人传记

牛 顿

Newton

杨政和 编写

陕西出版传媒集团
陕 西 人 民 出 版 社

超越四分之一世纪的期许

——“世界伟人传记”丛书序

早于四分之一世纪前的一个黄昏，有一群中年人和青年人会聚在东方出版社已故创办人游弥坚先生的家里，听取游先生语重心长的谈话。当时台湾的经济情况远不如今日，但已然有萌芽起飞的征兆。社会民生的物质生活，显见较有长足的进展；但是精神生活的提升，则颇嫌步调缓慢。以出版界而言，纸张印刷既不能与今日比，而出版社也寥寥可数，成人的刊物虽然有一些，但少年读物则十分贫乏。游弥坚先生有鉴于此，想要为少年男女编纂一些健康有益的优良读物。他的构想分两方面：一方面要从世界文学名著之中整理出一套可供少年阅读的《世界少年文学选集》，同时也配合出版适宜少年阅读的“世界伟人传记”。那个黄昏会聚在游先生家里的中年人和青年人，便是一群从台湾各地挑选出来担任执笔者。当时还在台大中文研究所读书的我，便是其中之一。虽然，那个黄昏距离现在已超过四分之一世纪的遥远，我仍然不能忘记游先生对于少年读者的关怀，也还记得大家曾经多么热烈地交换意见和互相鼓励的情况！

对于当时的中小学生而言，课外的娱乐活动种类极少，而可供他们课外阅读的书籍更是几乎没有。游先生的这两大套书的出版构想，可说是跨时代的高瞻远瞩。我们讨论到如何分配工作，也商量怎样在分工合作的情况之下，尽量达成异中有同的终极目标。

精选出来的二十多位世界伟人，完全是基于客观公正的立场，所以兼容古今中外，并没有特别强调民族本位的色彩，从教育、文学、科学、政治及艺术等各部门选出最受世人崇仰敬爱的伟大人物。每一位人物的生长背景各不相同，而他们在一生之中所表现的奋斗过程与不折不挠的精神，则是异中有同的。但是为了顾及少年读者阅读的兴趣，这些传记都避免正面冗长的说教性叙述，而多从日常生活富于启发性的小故事来传达伟人所以成功的道理；尤其是着重在他们年少时代的生活特征，以诱发少年读者们的共鸣，希望我们的少男少女在课外阅读这些趣味性浓厚而立意严肃的世界伟人传记时，能够于不知不觉之中领悟到做人处世的高尚理想。

这一套书中随处出现的精美生动的插图，乃是以图辅文，借以达到图文并茂的目的。每一个伟人传记的文后，都附有简单的年谱，让读者能够从中再度温习伟人的重要事迹。

自有“世界伟人传记”丛书的编纂构想以来，已经历了四分之一世纪的时间。这期间无论社会或个人都发生过种种变化，当初主其事的游弥坚先生已经作古，当初执笔撰写参与其事的人，也多四处星散，但是这一套书却一直流传下来，成为最受少年男女欢迎的课外读物之一。这么多年来，许多年少时读过这套书的人，也已经长大成人各奔前程。想到这些，我如今执笔为这一套丛书写序时，心中充满了感慨与感动。现在，我衷心希望无论过去与未来阅读这套书的人，都能深刻铭记编撰人的苦心，从伟人们的传记中汲取崇高的人生哲理。

林文月

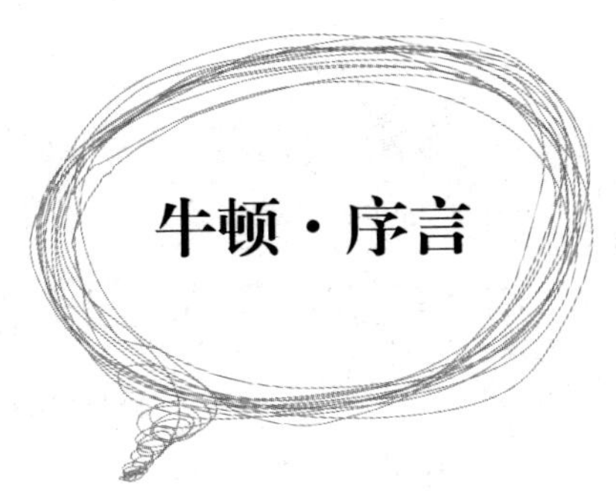

牛顿·序言

十九世纪以后，世界文明便以雷霆万钧之势，日新月异，这一切的进步，可以说有赖于牛顿建立的新科学基础。

牛顿生长在一个偏僻的农村，由于一出生就失去父亲，母亲后来又改嫁他人，因此养成孤僻的个性。起初他在学校的功课并不好，受到同学的鄙视；但在一次打架事件中，瘦小的牛顿赢了，同学们对他的印象大为改观，这件事使他认清了：唯有比别人强，才能受到尊重。于是牛顿发愤用功，终于成为一个伟大的学者，为人类创造了不朽的科学成果。被誉为“物理学之父”。

金刚钻如果长久埋藏在地下，就和普通的石头没有两样；牛顿的确是一位罕见的天才，但如果只依恃着天分，不肯努力，最后仍不过是个寂寂无名的农夫罢了。他的故事，应验了那句老话：“成功是百分之一的天才，加上百分之九十九的努力。”

编　者

目录

少年时代

科学之门

旭日东升

晚年生活

少年时代

SHAONIAN SHIDAI

孤单的小依撒克，终于在风车、水钟……的工艺世界，找到了知心的朋友。

从死神手中逃脱

一六四二年的圣诞夜里，英格兰北部荒僻的山丘上，只见从一幢农庄窗口透出摇曳的烛光，窗内人影穿梭，显得非常忙碌的样子。凛冽的北风吹得庭院里的树木窸窣作响，屋内凝重的气氛，使原该充满欢乐的圣诞夜，呈现出一幅萧瑟的景象。

这时，隐约从农庄里传来断续的呻吟声，使这刺骨的寒夜，显得更加凄凉。悽恻的呻吟声时强时弱，彻夜不断。

不久，天空由惨灰渐转为淡蓝，太阳也悄悄升起，温暖的阳光暂时驱散了夜里的萧瑟。

在此起彼伏的鸡鸣狗吠中，混杂着一阵阵微弱的婴儿啼哭声，不仔细倾听，还真察觉不出呢！

不一会儿，农庄的大门咿呀一声打开，两个穿着围裙、披着黑色披肩的女人，拖着疲惫的脚步，蹒跚地走了出来。她们一边哆嗦地哈着手，一边加快脚步赶路。一路上，身材瘦高的女人直

埋怨：

“真是倒霉，折腾了整个晚上，才把孩子接生出来，现在还得走那么老远的路去拿药，真把人给累死了！”

矮胖的妇人听了，白了她一眼，仍旧默默地赶路。瘦高的女人看胖女人没有什么反应，嘴里又开始嘟囔了起来：

“还不都是你，叫你不要多管闲事，你偏不听。这下子可好了，婴儿不但早产还生病，天气这么冷，等我们把药拿回来，那个孩子恐怕早就冻死了，我们岂不是白忙了一场？”

沉默了许久的胖女人，这时再也忍不住了，便不耐烦地说：

“你说够了没？你难道连一点同情心也没有？你想想看，孩子那么瘦弱，还没出生父亲就死了，现在又全身痉挛，真是可怜！别再抱怨了，还是赶快把药拿回来要紧，否则那孩子就没救了！”

被矮胖的农妇这么一说，瘦高的女人也自觉理亏，于是，低着头默默地加紧脚步，朝北威沙姆村的路上走去。

而农庄里这个刚出生的小婴儿，因为痉挛的关系，呼吸越来越急促，并且啼哭不停。婴儿的母亲汉娜又心疼又着急。望着怀中这个瘦弱的小生命，想起刚刚去世的丈夫，不禁悲伤地流下泪来。邻妇依莎看到这个情形，不禁一阵心酸，便安慰她说：

“汉娜，别难过了，上帝一定会保佑这个孩子的。”

“不过，依莎，我还是很担心！”

汉娜哽咽地说。

“不用担心了，她们一定会及时把药拿回来的。”

依莎嘴里虽说不急，心里却像热锅上的蚂蚁一样焦躁不安，在房里焦急地走来走去，还不时探头到窗外望一望。

窗外，寒风嗖嗖地吹着，阳光无力地照着大地。辽阔的原野，不见任何人影。

躺卧床上的汉娜，此时不禁想起从前和丈夫并肩站在窗前观赏四季景色的时光。

“如果这孩子能安然地渡过难关，一定要替他取个和丈夫一样的名字，作为纪念。”汉娜喃喃地告诉自己。她突然有了信心，相信这孩子一定能活下来，能和她并肩欣赏风景，听她诉说父亲的种种。

时间毫不留情地过去，却还不见那两个妇人回来。依莎焦急地嘟囔着，一会儿走到窗口去看看，一会儿又走到火炉旁添几块木头，一刻也无法静下来。

婴儿的呼吸愈来愈急促，哭声也越来越微弱。依莎再也耐不住了，连连跑到窗口去张望，忽然她尖声叫道：

“汉娜，她们回来了！”

妇人及时带回来的药，使得这个奄奄一息的婴儿，从死神的手中逃脱了，侥幸地活了下来。

金黄色的阳光斜照入窗内，轻抚着婴儿细嫩的面颊。汉娜轻吻着婴儿的额头，带着满足的笑容，低声念着：依撒克·牛顿。

母亲改嫁

牛顿生于一六四二年十二月二十五日圣诞节清晨，他的出生地——荷尔泽普，是英格兰北部一个偏僻的小村子。牛顿的家族在这个村庄已经居住了几百年之久，并且拥有一个小农场。虽然如此，他们每年的收入却还不到三十镑，生活非常困苦，牛顿的祖先们只好在山谷间另寻一块肥沃的土地耕种，以增加收入，贴补生活。

牛顿的父母都出生于农家，有着农民特有的纯朴厚实性格，这些性格在牛顿的血液里流动着，深深地影响着他日后的行为。

一出生就失去父亲的牛顿，在母亲细心的呵护下，终于安然地度过了多病的童年。汉娜看着日益健壮的儿子，心中也觉得相当安慰。为了使牛顿生活得更好，汉娜每天辛勤地工作，岁月就在血汗与欢笑声中飞逝而去。

十七世纪四十年代的英国，国王与国会之间常发生冲突，国内一直处于风暴中。

国王查理一世认为国王的权威是上帝所赐予的，国王只需对上帝负责，不用向人民负责，而且宪法与国会都是人创造的，所以国王不应该受国会或法律的束缚。

但是，国会方面为了维护人民的自由和权利，对于查理一世的论调极其反对，因此冲突不断。

小依撒克就在这种动荡不安的局势下，一天天地长大。而相反的，汉娜却愈形憔悴，长期的劳累使她原本衰弱的身体更加虚弱。汉娜的哥哥眼见她一天天地消瘦，心里十分不忍，频频劝她改嫁。

起初，汉娜坚决地表示，不管日子怎么难过，她都要独自照顾孩子，绝对不再结婚。但是，经不起哥哥一再劝说，同时也为了往后的日子着想，她终于决定改嫁了。

一六四五年一月，牛顿三岁的时候，母亲和北威沙姆村的巴巴纳斯·史密斯牧师结婚了。

父亲早逝，现在母亲又改嫁了，牛顿只得和祖母相依为命，过着孤单寂寞的日子。

敲敲打打的童年

屋外正下着牛毛似的小雨，小依撒克双手撑着下巴，静静地望着窗外飘落的雨滴，脸上带着一抹五岁孩子不该有的落寞神色。

自从母亲改嫁以后，依撒克变得很孤单，家里除了祖母外，再也没有人可以陪他玩，而祖母为了照顾生计，每天忙进忙出的，根本没有时间可以陪他，因此他也就养成独自游戏、沉思的习惯。

雨细细绵绵地下个不停，小依撒克正盘算着如何打发这个无聊的雨天。他茫然地望着蒙蒙的细雨，忽然眼睛一亮，想起一次在仓库里，曾看到过一把铁锤和一些铁钉，那些似乎都是很好玩的东西，于是拔腿就往仓库跑去。

仓库里，祖母正在打理谷子。他问祖母说：

“奶奶，铁锤和铁钉放在哪里了？”

祖母回过头来，看见孙子满脸雨水，很是心疼，顺手拿起一块干布擦他的脸和头发，一边疼惜地责骂：

“下这么大雨还乱跑，你看，淋得全身湿漉漉的，着凉了怎么办？对了，你找铁锤和钉子干什么？”

“奶奶，不要生气嘛，外面正在下雨，我不能出去玩，只好找其他东西来玩了。”

小依撒克委屈地辩解。

祖母不忍心再责备他，马上从工具箱中拿出铁锤和钉子，笑着对依撒克说：

“拿去吧！不过千万要小心，不要把手砸破了。”

小依撒克兴高采烈地接过工具，又从仓库的废物堆中找出一块厚木板，把钉子一一钉在木板上，专注得像个小工匠。

祖母看在眼里，心想：别的孩子总爱找玩伴玩儿，小依撒克却老是喜欢一个人玩些奇奇怪怪的玩意儿，该不会有什么问题吧？不过，看他钉东西的动作蛮利落的，应该是个正常的孩子才对。

“依撒克，你钉这些钉子做什么用呢？”

依撒克歪着小脑袋想了一想，说：

“我可以把板子锯成一块块的，再钉起来做成各种东西呀！”

祖母听了，连忙称赞他说：

“嗯！你真聪明，让奶奶来帮你锯，好吗？”

“不要了，我想自己动手锯。奶奶，你只要告诉我怎么使用锯子就可以了。”

小依撒克学着祖母的样子，笨拙地把木板锯成一块一块的，再用钉子钉起来，变成一个奇形怪状的箱子，祖孙俩边看边呵呵地笑着。

自从依撒克学会使用一些简单的工具后，只要一有空，他就躲在仓库里敲敲打打的。渐渐地，依撒克的技巧愈来愈熟练了，做出来的东西也越来越精巧。他的房里已经塞满了自己亲手做的工具箱、书架、玩具箱等。

孤单的依撒克，终于在手工艺的世界中，找到了知心的朋友——铁锤、锯子、尺子……这些朋友伴着他度过了一个敲敲打打的童年。

可怕的私塾

一六四九年，依撒克被送到了位于荷尔泽普村北边一所离家不远的私塾去读书。

当时的私塾有点类似今日的小学，但它的规模很小，所学的科目也比较实用，只有读书、写字、算术三科而已。这是因为当时的人们，大多为了生活辛苦奔波，根本无法把孩子送到私塾去念书，而且除了少数的职业以外，大多数人也根本用不上课本上的知识。

由于依撒克的父亲是庄园的领主，所以依撒克必须到私塾里去接受教育，日后才能管理庄园的事务。

小依撒克对学校充满了好奇。没上学以前，整天缠着祖母问有关学校的问题：

“奶奶，我为什么要上学呢？”

“上学可以学到很多的事情，还可以交到很多很多的朋友

呢！”

“快告诉我学校有哪些好玩的事，我好想现在就去上学！”

祖母从来也没上过学，她也不知道学校里有什么好玩的事儿。迟疑了一下，她才勉强地说：

“喔！学校里的老师会教你怎么做风车，还会教你钉最漂亮的木匣子、玩具……”

依撒克一听，正中自己的心意，每天以兴奋的心情期待上学的日子早日来临。

但是，到了学校后，依撒克的幻想破灭了。私塾老师不像他想象中那么和蔼，每天拿着鞭子，一会儿敲敲黑板，一会儿敲敲桌子，弄得人心惊胆战。而且，老师并不教人做风车、钉箱子，而是要人扳着指头数数儿，或到黑板上写那讨厌的字母……

依撒克对这些科目感到非常厌烦，期待中的好玩事儿却一样也没有，因此他对学校生活非常的失望，每天都要奶奶三催四请地才去上学。

一天，上算术课时，老师突然问依撒克：

“依撒克，四加五等于多少？”

小依撒克被老师这么突然一问，脸上一阵红一阵白地，以颤抖的声音回答说：

“九。”

“你确定是九吗？”

4
+5

老师故意反问他，并用鞭子用力地敲着桌子。

依撒克听到鞭子的声音，心里一紧张，马上更正说：

“唔！唔，好像是八。”

“依撒克！到底是九还是八？”

老师严厉的口气，把依撒克吓得脸色惨白，一句话也说不出来，只是呆呆地站在座位上。

“这么简单的问题都不会，真笨！”

说着，老师举起鞭子打了依撒克的屁股，虽然并不怎么痛，依撒克却忍不住哭了起来。

班上同学见依撒克只挨了两鞭子就哭，感到非常惊讶，纷纷低声嘲笑他，使得依撒克羞愧得抬不起头来。

从此，他更加厌恶上学了。上学，还不如在家锯锯木头，钉钉板子有趣呢！

一天，依撒克在放学途中，看见一辆漂亮的马车疾驶而过，那优雅的外形，深深吸引了他。

“如果我也有一辆马车，该有多好！”

依撒克望着马车的背影，不禁痴心妄想起来。

“不，不，奶奶怎会有钱给我买马车呢？”

他随即用力摇摇头，想抖掉自己可笑的念头。

可是，那马车实在太迷人了，因此，他仍是禁不住边走边编织着梦想：

“如果我有一辆小马车，如果我有一辆小马车……”

突然，一个念头闪过他的脑际：

“我可以自己动手做马车呀！”

是呀！何不自己动手做呢？这样一想，依撒克立刻拔腿飞奔回家，把书本随便一丢，喊了一声“奶奶，我回来了”，就钻进仓库里，搬出铁锤、锯子，叮叮当当地敲打起来。

接连几天，依撒克放学回家，就往仓库里钻。他把平日省下的零用钱，全部拿去买材料，仔细画出外形，一点一点地打造起来。

依撒克从制作马车的过程中，渐渐摸索出车子的转动原理。一个星期以后，当四个轮子和简单的刹车器安装完成后，整部车子的工程便告完工，他高兴地拍手大叫：

“奶奶，快来看呀！我的车子终于完成了！”

祖母看到仓库里漂亮的小马车，大吃一惊，原来孙子这些天来没日没夜地敲敲打打，竟是在造马车！她忍不住伸出手去抚摸一番，一面以赞赏的眼光看着小孙子，脸上充满了笑意。

“奶奶，快，我们把车子推出去试试看！”

祖孙俩把车子推到附近的山坡上，小依撒克兴奋地坐上车，祖母用力推了车子一把，车子就顺着山坡迎风滑了下去。依撒克呵呵地笑着，祖母也一样的开心。

铁骑兵

一天，依撒克正往学校去，突然一阵急促的马蹄声，由远而近。再抬头一看，原来是一队骑兵，正迎面奔来。

依撒克赶紧闪躲到路边，以免被马匹撞倒。可惜他的动作慢了些，说时迟那时快，最前面的一匹马已飞奔而至，马蹄踢倒了他，他翻滚到路旁，把膝盖和手肘都磨破了。

“喂！孩子，你没长眼睛吗？”

一个头上光秃，却满脸络腮胡的军人，粗暴地对他吼叫。

依撒克吓得缩成一团，一句话也说不出来。那个人看他不回答，接着又问：

“你父亲是不是前面那个庄园的庄主？”

“是的。”

“那么，你父亲现在在哪里？”

“我父亲已经去世了。”

那个人听他这么一说，便掉转头去，指挥其他人继续上路。依撒克看着他们逐渐远去的背影，猛然想起自己的膝盖还在流血，便急急忙忙地折回家去。

他一进家门，立刻把这件事说给祖母听。

“什么？骑兵队？”

祖母听说他遇到骑兵队，脸色大变。

“我告诉他们，父亲已经去世，他们就走了。”

“噢！”祖母松了口气，这才发现依撒克的膝盖还在流血呢，她立刻跑回房里拿来药，小心地替依撒克敷药。

“奶奶，骑兵队到这里来做什么呢？”

依撒克好奇地问。

“大概是要逮捕那些支持国王的人吧！”

“哦，那跟我们又有什么关系呢？”

“因为你爸爸也是支持国王的人，所以骑兵队一直很注意我们，想借机将支持国王的人一个个消灭，幸好你父亲已经去世了。”

“奶奶，我还是不懂他们为什么要这么做，你能不能告诉我呢？”

依撒克一脸困惑地问着祖母，于是祖母告诉他说：

“就在你出生的那一年，国王查理一世和国会之间，常常因为人民的自由与权利问题闹得很不愉快，国王认为他的权威是上帝赐给他的，所以他只向上帝负责，不必向人民负责，可是国会却认为人民应该享有自由和权利。

“查理一世后来不顾国会的反对，反而更加压迫人民，控制人民的自由和权利。最后，苏格兰人因为受不了国王的压迫，终于起来反抗，国王就派大兵去讨伐他们。刚开始时是国王的军队得到胜利，但还是没把由苏格兰人民组成的国会派军队击退。到了一六四四年，国会派的克伦威尔率领了铁骑兵，在曼斯顿沼泽区击败了国王军，接着又在耐斯俾战争中得到胜利，终于真正战胜了国王军。

“克伦威尔虽然打胜了，但是国会派和国王派仍然经常你争我夺，为了彻底消灭支持国王的势力，他们便派铁骑兵到处逮捕支持国王的人，你今天碰到的就是铁骑队。”

依撒克听完了祖母的话，仍是似懂非懂地，倒是对那个光头络腮胡的骑兵印象深刻。

石制日晷仪

依撒克平时喜欢观察自然界的各种现象，有时可以只为了看云的飘动，或是鸟的飞翔，耗上大半天的时间。

有一天，依撒克在院子里画画。院子里有一棵高大的榆树，午后的阳光斜斜照射，把树影打在地面上，构成一幅天然的图画，依撒克觉得很有趣，便停下笔来注视着这幅“树影图”。

一会儿，他发现了一件有趣的事：随着阳光的移动，树影也跟着移动位置，本来只有树梢的倒影，渐渐地连树干的影子也出现了。

整个下午，依撒克就坐在那儿，定定地看着树影的变化，他在地上做了许多记号，最后他发现：影子的长短变化和太阳的位置有很大的关系。

这个新发现使依撒克兴奋不已。从那天开始，他每天中午一放学，就跑到院子里，一个人专注地研究树影和时间的关系。

他又不知从哪儿搬来一块大石头，就拿铁锤在上面敲敲打打的，祖母每次问他在做什么，他总是向祖母眨眼睛扮鬼脸，一副神秘兮兮的模样。祖母虽然觉得纳闷，但也不再追问。

这天，依撒克仍和往常一样，在院子里忙个不停。

“依撒克，该吃饭了。”

从厨房里传出祖母的喊叫声。

依撒克大声地朝厨房说：

“奶奶，今天吃饭的时间比平常早呀！”

“是吗？你怎么知道呢？”

“奶奶，你如果不相信，到院子里来看看就知道了。”

祖母不知道孙子在说些什么，忙往身上的围裙揩揩手，从厨房里走了出来。

“咦！这是什么东西？”

祖母很惊讶地指着大石头问。

“这是我做的测量时间的仪器。你看，昨天你叫我吃饭的时候，影子是在这个地方，今天的位置却在这里。”

依撒克很耐心地为祖母解释日晷仪的用途和原理，祖母听了直点头，她没想到小小年纪的依撒克，竟能做出这么精致的仪器，这孩子真是叫人又怜又爱！

依撒克的日晷仪，起初只是在圆形石板上钉一颗钉子，再在圆板四周刻出适当的凹痕，借着钉子的投影，测出大约的时间。

后来，他更用指针在他的房间及院子的墙壁上追踪阳光，这样可以更精确地测出时间。

发愤的弱者

由于牛顿是不足月的早产儿，先天体质比较虚弱，个子又瘦小，又因为他不喜欢读书，所以同学们都瞧不起他，经常当着他的面，喊他“笨蛋牛顿”，使得原本就不爱念书的牛顿，更讨厌上学了。

有一天，牛顿在校园里走着，突然一个高大的男孩，手插在口袋里，挡住他的去路，嘲弄地说：

“嗨！笨蛋牛顿，你好呀！”

牛顿停下脚步，低着头不吭气。

“咦！怎么不说话，你是哑巴吗？”

牛顿强忍住内心的愤怒，恶狠狠地瞪了他一眼。

“你敢瞪我？想打架吗？”

高个子说着，便狠狠地踢了牛顿肚子一脚。

“哎哟！”

牛顿痛得弯下腰，怒火油然上升。

过去牛顿遇到这种情形，总是忍气吞声，同学们都以为他是个胆小鬼，也就更肆无忌惮地欺侮他。这次，牛顿不愿再忍了，他昂然抬起头，挺起身子，猛地向大个儿冲去，大个儿没料到牛顿会反击，冷不防地被撞了一下，立刻摔了个四脚朝天。

在一旁围观的男孩们都睁大了眼睛，对牛顿的举动感到非常惊讶，那个欺负他的大个儿，在学校是个有名的大力士，大家都想看看这场精彩的好戏。

“加油呀！牛顿！”

“千万不要输给他呀！”

“打呀！打呀！”

在场的人纷纷替牛顿加油打气。

牛顿这时像发疯了似的，拳头如雨点般落在大个儿脸上、身上，大个儿来不及还手，被打得鼻青脸肿、鲜血直流。

“哼！看你以后还敢不敢再欺侮我！”

牛顿双手用力掐着他的脖子，气喘吁吁地说。

“不敢了，我再也不敢了。”

大个儿满脸沮丧地连连求饶，牛顿这才松开手。他站起来看看左右，那充满怒火的眼神，倒把围观的同学吓了一跳：依撒克·牛顿是欺侮不得的呀！你瞧！他现在看起来多么高大！

这是牛顿有生以来第一次，也是唯一一次打架，这场架，改

变了牛顿的一生。从前他总把自己看成是一个柔弱的人，别人嘲笑他，他也不敢讨回公道，总是一味地忍气吞声，别人也因此更加看不起他。经过这次打架事件，他知道：要赢得别人的尊重，就要事事胜过别人，不仅要在拳头上赢过别人，也要在学业上领先其他同学。

有了这番领悟，牛顿像换了个人似的，变得非常好学，在短短的时间里，课业大幅度地进步，成绩单发下来的时候，连祖母都以为自己的眼睛花了呢！

这一次打架事件，确实使牛顿有了很大的改变，他成为世界知名的大科学家以后，还常摸着当年被踢的地方，笑着说：

“如果那时候没被踢这么一脚，或许现在的我充其量也不过是个敲敲打打的木匠罢了。”

魔术风车与水钟

小学毕业后，牛顿到距离荷尔泽普北方十公里的格兰桑镇上中学，由于学校离家太远，十三岁的牛顿不得不离开家，离开相依为命的祖母，到格兰桑街上的一家药铺寄宿。这家药铺的主人克拉克夫妇，非常乐观、亲切，因此初次离家的牛顿并不觉得寂寞孤单。

牛顿从小就喜欢做些手工艺，寄宿到这里以后，他也经常利用空闲，为克拉克夫妇修理一些损坏的家具，所以克拉克夫妇俩也都很喜欢他。

"依撒克啊！这次你又在做什么呀？"

有一天，克拉克先生跑到楼上，看到地板上零乱地散布着木片、木棒和帆布，就好奇地问牛顿。

"您猜猜看。"

克拉克先生拿起一个贴着布的长三角形木框，东瞧西瞧地研

究半天，抓抓头说：

“我猜不着，大概是一样很大的东西吧！”

“哈！这是用来做风车模型的。”

牛顿很得意地说。

“风车？”

克拉克有点惊讶。

“是啊！就是磨坊里磨面粉用的风车呀！”

“是吗？那么你的风车也能用来磨面粉喽！”

“当然！这是我花了不少工夫，好不容易才研究出来的。”

牛顿边说边以熟练的手法，叮当、叮当地敲起来。

三天后，牛顿在楼上大声喊着克拉克夫妇。

“克拉克先生，你们快来看呀！我的风车做好了。”

克拉克先生立刻跑上楼去，克拉克太太这时正在厨房准备午餐，听到牛顿的叫声，也急忙放下手里的活，用围巾擦擦手，跟着跑上去。

“哇！好棒的风车模型呀！”

克拉克太太惊叫着。

“做得真好，可是要装在哪里呢？”

克拉克先生问道。

“就装在店铺的屋顶上好啦！”

“好啊！这样，还可以当作我们药铺的招牌，真是了不起的主意。”

克拉克先生不住地点头说道。

克拉克先生马上和牛顿爬到屋顶上去安装风车，没多久就装好了。借着风力的吹送，风车立刻很顺利地转动起来。

“动啦！你看，风车转动了。”

克拉克先生像小孩般地叫起来。

“哇！好棒！”

“真了不起！”

克拉克夫妇对牛顿佩服极了！

不久，全格兰桑镇的人都知道风车模型的事，大家纷纷议论着：

“听说克拉克那家伙，做了一个了不起的风车模型呢！”

“才不是呢！那是借住在他楼上的依撒克·牛顿做的。”

一个年轻人急忙解释。

“是那个小孩吗？真能干！”

“除了风车外，他还做了许多稀奇古怪的东西呢！”

那个年轻人得意洋洋地说，好像自己是牛顿似的。

“真的吗？那他岂不是要成为大发明家喽！”

日子一久，正当大家对风车的事已经渐渐淡忘时，又有新鲜事发生了。

风车在有风的时候转动，自然没什么稀奇的。可是，这部风车在没风的时候，也咕咚、咕咚地转个不停。

于是，镇民又开始议论纷纷了。

“咦！这可有点奇怪了！”

“有什么好奇怪的？”

“你瞧，那部风车没风时还是一样地转呢！”

“咦！说不定那是部魔术风车呢！”

“有可能哦！我常看见那个少年一边走路，一边口中还念念有词呢。”

于是，全镇人都传说依撒克是个魔术师。当这个传说传进了教堂牧师耳里时，他不能不加过问了，因为在上帝所统治的世界里，是不容许任何魔术师的存在的。

一天，牧师跑到药铺里，气呼呼地问克拉克先生说：

“喂！那魔术师在哪里？”

“哦！你是说依撒克吗？他就在楼上。”

克拉克一面回答，一面往楼上喊着：

“依撒克，有人找你。”

当依撒克咚咚地跑下楼时，牧师朝他打量了一下，一看原来是个活泼可爱的小孩子，原先满肚子的气就已经消了一半，马上改用较温和的口气说：

“那个风车是你做的吗？”

“是的。”

“外面传说你那风车是魔术风车，是真的吗？”

牛顿笑嘻嘻地说：

“牧师先生，我带您上楼去看个明白吧！”

当他们爬上屋顶时，牛顿便把风车下面的箱子打开给牧师看。

“哦！原来如此。”

牧师看了后，禁不住捧腹大笑。

原来，箱子里有两只白鼠，正绕着风车的中心轴棒，团团地转个不停。这样一来，即使没有风，只要白鼠不肯安静，风车还是会转动的。

这件事传开后，镇民都非常赞叹牛顿的聪明才智，特地为他取了个外号——少年发明家。

还有一次，依撒克很兴奋地拿着一个盒子跑下楼来，看到克拉克夫妇，便拉着克拉克先生说：

“克拉克先生，你们看这是什么东西！”

原来依撒克拿的是一个类似大箱子的东西，高约一米，箱子上下各有一个储水槽，上面的水槽底部有一个小洞，水倒进去以后，它会慢慢地从洞口滴到下面的水槽里，下面水槽里的木板就会随着槽内水量的增加而浮升。

木板的中央有根木棒，木棒的顶端钉有一根铁钉，上面系着一条绳子，从绳子的一端绕过连接指针的横棒，绑上一块小石子，用来维持木板的平衡。当木板向上浮动时，借着绳子的牵引，指针横棒就会准确地指出时间。

“这是什么东西呢？”

克拉克太太很感兴趣地问。

“这是我设计的水钟，只要配合着文字盘来看，就可以知道现在是几点钟了！”

依撒克很得意地解说。

“嗯！这真是一项伟大的发明呀！”

克拉克先生觉得依撒克能发明水钟，自己也与有荣焉，不禁竖起拇指称赞。

“不过，我觉得这个水钟还是有它的缺点，因为它必须经常加水才行，而且水滴都从这个小洞滴下来，水中如果有灰尘堵在洞口，水道就会变小，时间也就跟着不准了。”依撒克说。

虽然这个水钟的设计还不够完善，但由于它比沙漏更能精确地指示时间，还是轰动了整个格兰桑镇，药铺里每天都挤满了参观的人潮。

一六五六年牛顿十四岁的时候，母亲汉娜因为第二任丈夫去世，又回到牛顿身边来。

牛顿心里真是又惊又喜，也不免有些不适应。

“怎么啦！依撒克，你脸色有些不对啊！”

药铺老板关心地问道。

过去每逢星期六，牛顿总要回到故乡荷尔泽普，那时家里只有祖母在等他，现在虽说多了慈祥和蔼的母亲，但因为与母亲许久没见面了，所以心里总有些不太习惯。

不过，他们毕竟是母子。经过几天的相处，原先的生疏感渐渐消失了。

最使牛顿感到兴奋的是，母亲带来了两个同母异父的妹妹——玛丽和哈娜，以及一个弟弟——卞佳铭。

他们一来，使原来冷清清的家，立刻热闹起来。

每到星期六的黄昏，这些弟妹们，都会跑到街上等牛顿回来，一看到牛顿，大家就大声叫喊着：

“哥哥回来了！”

接着，三姐弟欢天喜地地一拥而上，左一个右一个地拉着牛顿不放。

玛丽这时已经很大了，哈娜还是个可爱的小女孩，每次牛顿放假回来，姐妹俩一定吵着要牛顿讲故事。而当星期天下午，牛顿要回格兰桑时，姐妹俩更是拉着他的手，不断地央求他：

“哥哥，下礼拜一定要回来哟！”

母亲带着弟妹们回家后，周末回故乡便成为牛顿最期待的时刻。

辍学回家

自从牛顿制作风车成功以后，便对“风的动力”产生了极大的兴趣。长期观察风车转动的过程，也使他对“风速”与“风向”有了一些认识。靠着这些知识，牛顿又玩起新花样来了。

这一次他做的是风筝。风筝要飞得高、飞得稳，靠的是风向与风速的掌握，这一点根本难不倒牛顿。他躲在克拉克药铺的楼上，削竹片、糊纸型，做出方形、圆形、鸟形，大的、小的各式各样的风筝，经过一一试放，最终选出一种飞得最好、最高的大风筝……

这一年（一六五六年）的冬末，每当夜幕低垂时，格兰桑镇的天空，总会出现一颗闪着奇异光彩的星星。

“看啊！那边出现了彗星。”

“好奇怪！昨天看见的时候，明明是在西方，怎么今晚却在东方呢？”

“难道彗星每晚都会变更位置吗？”

“或许是不吉祥的征兆吧！”

大街小巷的人们，开始交头接耳地讨论。后来，他们才知道，原来那是牛顿在风筝尾巴上装设的灯笼所发出的亮光。

“又上了那个小魔术师的当了。”

街上的人们非常恼火地说。

牛顿的中学时代，就在发明世界中，过着多姿多彩的生活。

不久，牛顿意外地接到母亲从故乡寄来的信。信里面说：

有件事，本来想在你回家时再和你当面谈谈的，但始终找不到机会，所以决定写这封信给你。

虽然目前家里的人口增加了，但因有你父亲遗留下来的田地和我所拥有的土地，还有你继父所留下来的遗产，这些已经足够应付开销了，所以你大可不必操心。

可是要管理这些田地，却不是件容易的事。尤其我们的国家现在正处于长期的内乱中，时代也渐渐在改变，和以往大不相同了。在这动乱的社会中，事情是愈来愈难做啊！

以前因为你还小，所以家事都由我一个人来照料。但我毕竟是个女人，体力有限，晚上做完家事后，已经全身疲惫不堪，实在不能再支持下去了。

现在，你已经十四岁了。村子里像你一样大的孩子，大都已像成人一样在工作了。何况，你又多读了两年中学，应该能比他们做更多的事情。

我非常希望你能够辍学回家，帮助我料理田地的事。可是想起要你放弃学业回家来帮忙，也真是于心不忍，但这是我现在唯一的要求，希望你能仔细地考虑看看。

牛顿拿着这封信，沉思良久，心想：

母亲的来信是那么委婉，从字里行间便可感受到母亲是如何期盼着他回家。

牛顿对于离开皇家学校，并没有什么留恋的。因为在这儿既没有值得他敬爱的老师，也没有知心的朋友，他的知识大部分是靠自己看书和实验逐渐累积而成的。

但是，牛顿认为现在刚对学问产生兴趣，就如此辍学，实在有点可惜。而且一辈子待在乡村，过着农庄牧场的生活，也没有什么意思。

话虽如此，可是母亲那么殷切地期盼着，究竟该怎么办才好呢？

“我还是先回家再说，求学问并不一定要在学校里呀！”

牛顿终于下了决心，收拾行李辍学回家。

迷糊的庄稼汉

牛顿回家以后，母亲也一直很希望他能成为一个能干的农夫，但牛顿的表现却使母亲很失望。

牛顿虽然对于母亲吩咐的事情，都很尽力去做，希望能把它做得尽善尽美，但因为他满脑子想的都是如何制造手工艺，所以老是做不好。

有一次，母亲要牛顿去喂鸡，牛顿便提着一桶饲料，到鸡栏里去了。他一边喂着鸡，一边脑子里想着刚才正在做的玩具，竟然忘了把鸡栏的门关上。结果，一大群鸡都跑到别人的田里去，把田里刚发芽的农作物糟蹋得面目全非，害得母亲遭到邻居的指责，还赔上一大笔钱才了事。

还有一次，牛顿从格兰桑市场买了小麦粉回家。途中，牛顿忽然跳下马，拉着马缰绳走路回家。他把马缰绳放在肩上，沿着那条他已经熟悉的道路走，一面不断地深思着一些问题。

当他到达斯比资尔格特山冈时，已经是黄昏了，夕阳把田野、森林和山脉照得通红。这时，牛顿才发觉有些不对劲。

“哎呀！糟了！”

他猛地回头一看，不知什么时候，拴马的绳索已经脱落，马早已不知跑到什么地方去了。他手里握着的，只是一条缰绳。

这件事立刻传遍全村，成为村民茶余饭后的笑谈。

这样一来，牛顿的母亲开始对他有些不放心。每次叫依撒克上市场，必定要仆人布朗一道去。

这对牛顿来说，真是求之不得的事。

“布朗，市场的买卖，你去办就好了，我不去了。”

一到格兰桑镇，牛顿便这样吩咐他。

“那怎么可以呢？要是你妈妈知道的话，我会挨骂的。”

“不会的，你放心好啦！只要买卖做好，就不会有事的。布朗，拜托你啦！”

牛顿好不容易把仆人打发走以后，自己便赶忙跑到克拉克药铺了。

“依撒克，好久不见了。”

“楼上的房间还空着吗？”

“是啊！你走后就没有人去动过。”

“那么，可不可以暂时借我用一下？”

“当然可以。”

得到克拉克先生的允许后，牛顿立刻上楼，把自己关在那个小房子里，专心地读起书来。直到布朗做完买卖回来，他才悠悠闲闲地跟着布朗回家。

有时候，牛顿甚至连格兰桑也不去了，走到中途的驿站，便对布朗说：

“布朗，市场的事就拜托你了。”

“怎么啦？依撒克，你不到镇上去了吗？”

“嗯，我今天想把这本书看完，不去了。”

反正到了格兰桑镇，牛顿也是不会到市场去的，布朗只有摇摇头，牵着马独自上路了。

这件事很快又在小小的村子里传开了，大家都觉得牛顿实在不适合当一个好农夫，还不如让他回学校去算了。

牛顿这么狂热地读书，究竟是在研究些什么呢？

根据牛顿笔记里所记载的，可以发现他的兴趣非常广泛，包括“技术”“商业”“科学”“衣服”“鸟类”“疾病”等等，并且还绘有各种鸟类、衣服的图案呢！

牛顿的兴趣虽然很广泛，但他并不喜欢科学理论，他的兴趣主要在实验方面。从他的笔记中可以看出，牛顿对于一切事物都非常地关注，这就是他的特性。

科学之门

KEXUE ZHI MEN

牛顿站在杰出校友的雕像前，暗自下定决心，绝不让关心他的人失望。

重返校园

一六五八年九月，英国各地遭到暴风雨的侵袭。山洪暴发，如野兽般凶猛，河水四处泛滥，许多房屋被冲毁，树木也被连根拔起，这真是罕见的暴风雨。

在牛顿居住的村庄里，农民们为了生活，不顾狂风暴雨，都纷纷奔向田里，抢救农作物。

“少爷，依撒克少爷呢？”

正当全家上下都忙成一团时，牛顿家的一位男工突然发现牛顿不见了。

汉娜从窗户探头出来说：

“刚刚还听到他叫了一声‘不得了’呢！大概是跑出去了吧！”

“可是，到处都找不到他。”

“会不会是去田里帮忙呢？”

“应该不会吧！田里已经乱七八糟的了。”

“奇怪，他到底跑到哪里去了呢？”

牛顿的妈妈也有些担心了，于是吩咐男工再到村里各处找找看。

当牛顿的家人正牵挂着他的安危时，他却一个人在狂风暴雨中舞蹈跳跃着。

他先背着风跳了几下，用尺量了量地上的距离，然后又面向风用力跳了几次，再停下来量量距离。

牛顿从各个不同的方向，试跳了几下，依同样的方式量距离。

这是做什么呢?

原来，他是趁这个机会，测量风的速度和风吹动的力量。当时的牛顿，哪管什么狂风暴雨，更不会想到家中的农作物、家畜会不会受到风灾雨害。他只是一心一意地，在狂风暴雨中，冒着生命的危险，实验风速和风力。

这一连串怪异的行为，使他的母亲和村子里的亲友们，都对他感到失望了。

“看来，依撒克是不适合种田的。”

“这样下去，他恐怕连家也保不住了，倒不如让他继续读书吧！”

亲友们便去找牛顿的老师商量。牛顿皇家学校的老师斯特克司先生建议汉娜送牛顿到伦敦念书，汉娜同意了。

进入大学，必须先通过考试。所以牛顿便在这年秋天，再度回到格兰桑的皇家学校读书。

大风暴虽然造成严重的大灾害，却也给牛顿的一生带来了重大的转变。

初 恋

英国的内乱，从一六四二年到一六四九年查理一世被送上断头台为止，纷扰了八年之久，最后由克伦威尔掌握了整个局势。

克伦威尔是一个狂热的清教徒，他的任务是要把这世界上所有的罪恶，完全地清除干净。

他禁止英国人民所喜好的各种娱乐，不仅封闭伦敦剧场，逮捕了戏剧从业人员，而且禁止农村赌博，连跑马和斗鸡也一律禁止。

星期天，他还派士兵在街上巡逻，酒家、射击场和舞厅全部关闭。

这天，每个人都要在家里读《圣经》、唱赞美诗，不准任意在户外走动。

以往热闹非凡的伦敦，到了星期天，除了教堂里传出来的祈祷声和诗歌外，再也听不到任何声音了。

这时，议会竟然又通过一项法令：不准人民星期天贩卖商品、旅行、搬运货物或敲钟。

在这种情形下，整个英国忽然失去了以往的欢笑，变成了一个死气沉沉的国家。

“再这样下去，我们总有一天会被闷死的。”

“要是不小心大笑一声，恐怕会招祸上身呢！”

“这种死气沉沉的日子，究竟要到哪一天才会改变呢？”

“好希望过去那种美好的日子能再重现！”

人们在私底下不断地窃窃私语，并且急切地期待着这种日子赶快离去。

一六五八年九月，在一场狂风暴雨之后，人们企盼已久的阳光终于降临了。长期卧病在床的克伦威尔在暴风雨后去世了，他所推行的严格命令，也随之取消了。

人民这时早已对内乱深恶痛绝了，但对克伦威尔的严厉命令也恨之入骨，现在人民一致希望恢复王政。

这时候，问题产生了：如果要国王复位，依法只有国会才有这种权力，但国会早已被解散。最后，只好尽量召集已被废止的上院议员举行选举，重新成立国会。国会成立后，经表决决定推举查理二世为新的国王，他就是已被处死刑的查理一世的王子。

查理二世自从查理一世被处死刑后，便逃到法国去，这次被迎回伦敦时，沿途受到人民的热烈欢迎，所到之处都撒满了鲜花，街上到处搭有彩牌，人民也高兴得大肆饮酒作乐。他看到人民这么快乐，不禁面露笑容，对侍者说："我离开大家这么久，实在是我的错误，大概没有一个人不希望我回来吧？"

在国外流浪了十多年的新国王，已经深深地体会到，如果不顾人民的意志，我行我素的话，那是一件危险的事。

查理二世上任后，立即召开国会，并尽量与国会采取一致的步调，一发现臣下有不合乎民意的，便立刻予以更换。在这种情形下，制度与法律表面上看来，和以前似乎没有什么不一样，事实上，国会已经是真正的掌权者，英国人民长期祈盼的和平时代终于来临了。

牛顿又搬回格兰桑药铺的楼上去了。这时克拉克夫人已经去世，克拉克先生又另外娶了一位太太，他们对待牛顿还是和以前一样的和蔼可亲。

牛顿回到格兰桑镇后，仍然喜欢做一些手工艺。他的房间墙壁上，挂满了自己亲手配框、绘图的画。这些画有飞鸟、野兽、人物素描、船只等，其中以人物画最多。他就在这个摆满图画的房间里，努力准备大学入学考试。

有一天，一个可爱的小女孩没有事先敲门，就悄悄地走进牛顿的房间。牛顿这时正专心地念书，没有发觉房间里多了一个人，小女孩轻轻地咳了一声，并且拍了下牛顿的肩膀。

"喔！是你呀！吓了我一大跳！"

牛顿笑着说，一点也不怪她打扰了他念书。

这个小女孩名叫丝多蕾，是克拉克先生的继女，长得非常的漂亮。

“依撒克，真不好意思，打扰你了。”

“嗯！没有关系，请坐！”

牛顿立刻搬来一张椅子让丝多蕾坐下，问她有什么事情需要帮忙的。

丝多蕾这才不好意思地说：

“上次麻烦你做的那张椅子，有只脚老是会摇动，能不能再请你帮我修一下？”

“好啊！你去拿来，我马上帮你修。”

丝多蕾立刻跑到走廊上把椅子搬进来。

“哦！原来你是早有预谋的。”

“是啊！我想你一定会答应的。”

丝多蕾娇羞地说。

他便马上拿起铁锤，叮当叮当地敲打起来，不一会儿就把椅子修好了。牛顿很喜欢丝多蕾，每当看书看得疲倦的时候，便会做些盘子、椅子或放洋娃娃的架子送给她。

丝多蕾也很喜欢牛顿，常常跑到他的房间去聊天，两个人常常一聊就是大半天，假如丝多蕾一天没来，牛顿便会感到有些寂寞。

上课的时候，牛顿也会因为想到丝多蕾的倩影，不觉地出神，因此，常受到同学的嘲笑。

“难道这就是恋爱吗？不行，现在还不能想那些事情，我应该忘掉这一切，现在最重要的，就是用功读书。”

牛顿决心全力准备功课。可是，丝多蕾美丽的影子仍然一直留在他的心中。后来，牛顿进入大学以后，遇到假期一定会顺道到格兰桑镇去探望丝多蕾，他好多次想向她求婚，却都没有勇气提出来，等到他大学毕业时，丝多蕾早已和别人结婚了。

牛顿年轻时代的恋爱，就像泡沫一般随即幻灭。在往后的日子中，他一直都无法忘怀这段时光。

一六六一年，牛顿顺利地考上剑桥大学。当他离开皇家学校的那天，校长特别在欢送会上致词说：

依撒克·牛顿，是本校的荣誉，他不但功课好，而且富有同情心。对每一位老师都非常尊敬，对同学也很友爱。

现在，这位爱人同时也被所有的人爱的牛顿，就要离开本校了，实在令人依依不舍。

不过，一想到他的前途将无可限量，我们就觉得非常高兴。希望他的才华，能够绽放出璀璨的光芒。

剑桥大学

一六六一年六月，牛顿告别了母亲、弟妹，独自前往他一心向往的剑桥大学三一学院。

英国的大学都是由几个不同的学院组成的，牛顿进的三一学院，隶属于剑桥大学，是英国各学院中最大的一个。

三一学院是在亨利八世时，合并数所学校而成，校舍是用美丽的茶色砖建造的，屋顶上有许多小塔，显得古典而优雅。整座校园弥漫着一股古典、浪漫的气息，令人心神向往。尤其那座于一五一八年至一五三五年间建造的大门，更是雄伟壮观，令人惊叹不已。

开学时，牛顿满怀兴奋地走进大门，宽广的校园，使他不自觉地也感到心胸顿然开阔了些。道路两旁绿树郁郁成荫，如茵的草地中央，有个喷水池，水柱高高地喷洒下来，草地上有三三两两的学生坐着闲聊。

牛顿沿着铺满碎石子的小路，四处观赏校园的美景，不知不觉来到了一座礼拜堂门口，礼拜堂门前塑有许多雕像，每座雕像的下方都有块牌子，上面有雕像的简介文字。牛顿一一看完那些简介后，才知道凡是毕业后，在社会上有伟大成就的校友，校方就会为他塑造一座大理石像，作为纪念。

牛顿望着那些雕像出神，责任和荣誉感顿生。他暗自下决心，绝不让学校和关心他的人失望。

牛顿是以工读生身份进入三一学院的，他一方面要为教授跑腿，一方面还要看自己的书，简直忙得喘不过气，所以他的大学生活根本谈不上多姿多彩。不过，进入大学后最令他感到吃惊的是，他感觉自己的学识太浅薄了。

在高中的时候，牛顿被认为是一个高才生，他自己也以此自豪。可是，这里全都是来自英国各地的优秀人才，一个在偏僻的荷尔泽普长大的乡下佬，又哪能和他们相提并论呢？但牛顿并不因此而感到自卑，反而更加地努力用功读书。

当时，因为学校所用的课本，全都是用拉丁文写的，所以拉丁文是所有功课中最重要的一科，其他还有希腊文、希伯来文古代史等等。牛顿在皇家学校时，都曾对这些科目下过一番苦心，所以他一点儿也不担心。大学功课中他只担心数学一科，但在他坚忍不拔的努力之下，他最害怕的数学，却成为他最得意的一门功课。

十七世纪时，科学在剑桥并不受重视，学者们讨论的主题，也大部分集中在哲学与神学上，甚至还有许多的迷信。

首先在剑桥提倡科学新风气的，当推巴洛教授。他是一位著名的数学家，同时也是带领牛顿进入数学与光学领域的师长。

当时剑桥大学的教学方式，不是由教授直接讲解，而是由学生自由研究，助教与教授仅在旁予以适当的指导。刚开始时，助教给牛顿做的研究题目是桑道生的《逻辑学》，这个题目牛顿就读皇家学校时，已经有相当的研究了，所以做得比助教还好。

下一个题目是开普勒的《光学》。牛顿一拿到这个题目后，便废寝忘食地专心研究。当助教要开始讲解时，牛顿早已对开普勒的光学有很深入的了解了。

有一天，牛顿到剑桥镇近郊的斯托桥市场购物时，在一个书摊上看见一本有关星术的书。星术是利用天体星辰的运作，占卜人的命运和吉凶，后来成为发展天文学的基础。牛顿翻了翻书，觉得内容很有趣，便将它买下了。当他读完这本书以后，才知道想要将天体数字清楚地表示出来，还必须具备三角的基本知识。

于是，牛顿又买了一本英译的欧几里得的《几何原本》，终于获得了问题的答案。不过，由于这本书写的都是一些很普通的原理，牛顿读到一半，认为没有多大意义，就将书搁在一旁，不再去看它。

牛顿放弃《几何原本》后，改读笛卡儿的《几何学》，这本书的内容比《几何原本》要难得多。他先将全书大略看过一次，有了粗浅的概念后，再重新做更深入的研究，如此反复钻研。

牛顿这次可真是犯了很大的错误，因为欧几里得几何学的优点，就是以简单的公式和定理为基础，再逐渐解决其他困难深奥的问题。后来，牛顿自己也承认：

“当初没有彻底研究欧几里得的几何学，是我最大的错误。”

的确，一切的学问都必须从简单的做起，就如地基如果没有打好，便不能建造出伟大的宫殿一样。

由于牛顿好学不倦的态度，巴洛教授对他非常欣赏，对他的前途十分看好。

一六六四年，牛顿已是大三的学生了，他在这一年得到了三一学院的奖学金。如此一来，牛顿就不必一面工作一面读书了，他可以把更多的时间用来研究功课。

第二年一月，牛顿与其他二十五名同学，终于获得了学士学位，完成了大学教育。

广大世界

牛顿大学毕业后，仍然继续留在学校做研究。那年六月，忽然传来一条令人震惊的消息：黑死病正在伦敦市迅速地蔓延。

黑死病又称为鼠疫，三百年前曾在欧洲流行过一次，使得整个欧洲都陷于恐慌中。黑死病刚开始的时候，会在脚部或腋下长出小的黑斑疮，不久全身皮肤就会变成紫黑色，没多久便会死掉。因为黑死病从发病到死亡的时间非常的短，而且它的传染力很强，当时欧洲几乎有四分之一的人口死于黑死病，简直比任何大规模的战争或天灾，所带来的损失还要惨重。

由于英国曾是黑死病流行最严重的地区，全国有四分之三的人口因为感染黑死病而死亡，整个英国几乎变成一座空城。英国人对于那次悲惨的事件心有余悸，所以当黑死病再度流行时，大家都惊恐万分。

黑死病不久就蔓延到距离剑桥不远的地方，学校紧急贴出公

告，宣布全校暂时停课，要全校师生快撤离传染区。于是大家纷纷收拾行李，慌乱地赶回家避难。牛顿这时也只好搁下研究工作，匆匆赶回家乡。

当他提着行李回到家乡，弟妹们都兴高采烈地来迎接他；母亲看到牛顿学者般的模样，更是笑得合不拢嘴。

牛顿回到家后，并没有中断研究工作，但由于仪器不足的关系，不能继续研究光学，只好改研究在剑桥已经着手的数学。

牛顿虽然离开了学校，但并不因此而影响他做学问的态度，他认为做学问不能光靠教授讲解或自己看书、实验，还需要深入地思考，他曾经说过：

“我如果有和其他人不同的地方，那便是我能对一个问题集中注意力去思考。”

由于黑死病一直无法扑灭，当人们以为它已经销声匿迹时，它却又更加猖狂，学校因此一直无法复课。在这种情形下，牛顿不知不觉中，在家乡已度过了两年的时光。不过，在这两年当中，牛顿并没有虚度光阴，反而在这段时间内，为他一生中的三大发现——万有引力法则、光学的研究及数学上的微积分，奠定了重要的基础。

在一个炎热的夏日午后，牛顿的妹妹哈娜匆匆地跑上楼去，敲着牛顿的房门说：

“哥哥，你在看书吗？”

“没关系，进来吧！”

“哎呀！哥哥，你在干什么呀！”

哈娜打开门，看见牛顿双手在空中飞舞，便好奇地问。

“我在赶苍蝇啊！你看，这些苍蝇真讨厌，我刚才一直在专心看书没有注意，你刚刚敲门的时候，我才发现它一直在我头上嗡嗡地飞个不停。哈娜，你知道吗？我觉得苍蝇真是世界上最笨的东西。”

“为什么呢？”

哈娜睁大了眼睛，满脸疑惑地问他。

“你看，这个房间这么大，它却偏要在我头上飞来飞去，你说它笨不笨呢？”

“哥，大概是你没洗头的关系吧！”

哈娜故意开牛顿的玩笑。

牛顿却毫不在意哈娜的话，专心地盯住那只苍蝇的行踪，最后终于在桌上捉到它。牛顿像个小孩子一样，高高兴兴地抓着苍蝇走到窗前，把窗户打开，然后对着苍蝇说：

“苍蝇呀！你可知道在我脑子里有一个广大的世界，现在，你如果飞出这个房间，外面也有一个广阔的世界等着你，我们彼此都不要侵犯别人的世界，你说好吗？再见了。”

说完，牛顿便把手一放，苍蝇快速地飞了出去。

“哥哥，你没事吧？”

哈娜看见哥哥对着一只苍蝇自言自语，觉得有点担心。过了一会儿，哈娜突然像记起什么似的说：

“哥哥，我差点儿忘了，妈妈要我来叫你下去吃饭呢！”

“你为什么不早说呢？”

牛顿笑着说。

“你还说我呢！你看你，光顾着和苍蝇说话，害我差点儿忘了叫你吃饭的事。走吧！不然待会儿饭菜都凉了。”

于是兄妹俩一起下楼了。

就在哈娜来叫牛顿下去吃饭前，在牛顿的广大世界中，他发现了二次方定理的“无限级数”，并因而开辟了高等数学中的新途径——微积分，牛顿把它称为变动率。

微积分的发现，在数学史上是一件惊天动地的大事，但牛顿却不认为那是一种很重要的发现，只把它当成是一种研究的工具，用它来做进一步的研究，因此，并没有将它发表出来。就因为这样，后来在科学界引起了一场前所未有的大论战。

发现万有引力

一六六六年秋天，一个晴朗的午后，牛顿坐在院子里的一棵苹果树下晒太阳，一面思索着有关天体运行法则的问题。

哥白尼是研究天体运行法则的一个重要学者，他首先发现天体绕着地球旋转的理论是错误的，应该是地球以一个轴为中心自转，并同时绕着太阳公转。

由于古人认为所有的星球都是绕着地球转的，所以哥白尼的这个学说，不但震惊了世界，也震怒了那些信奉旧学说的人，尤其对笃信神意的旧教徒而言，这简直是一件绝不容存在的邪说。因为哥白尼那时已经去世了，教会便决定严禁他的著作，用以取谛“异端邪说”。

后来，一直到伽利略和开普勒等伟大的科学家出现，才陆续地揭开了天体运行的秘密。此后，地球不是宇宙中心的真理，已是不容否认的事实，但宇宙究竟是根据什么法则运转的呢?

牛顿坐在苹果树下，心里一直思索着这个问题，他想：

“月球是人类最熟悉的一个星球，如果按天体运行的法则，每个星球都相同的话，只要研究地球和月球的关系，不就都明白了吗？”

牛顿专心地想着这件事，一面享受着迎面而来的凉爽秋风，不知不觉竟然睡着了。

忽然吹来一阵冷风，一个苹果不偏不倚地打在他的头上，牛顿从梦中惊醒，睁开眼睛看了看四周，才发现脚边有一个砸烂了的苹果。

“哦！原来是这样。”

他自言自语地说，弯下腰把苹果捡起来，摇摇头无奈地笑了一笑。

这时哈娜正巧走过来，看到牛顿拿着苹果苦笑，便挖苦他说：

“怎么啦？哥哥，又在对苹果说话了？”

“不是，我是在想苹果与月亮有什么不同。”

哈娜于是笑着说：

“这有什么好想的，它们本来就不一样的嘛！”

“是不一样。我刚刚坐在这儿，睡得正香甜的时候，这个苹果忽然从树上掉到我的头上，把我给吓醒了。”

“咦！真有那么巧的事啊！”

“哈娜，你知不知道，苹果从树上掉下来的时候，为什么会掉到地上，而不是往天空飞呢？”

哈娜很惊讶地说：

“这有什么好奇怪的，苹果成熟了当然会往地上掉呀！”

“这又是什么道理呢？”

牛顿看着苹果，心里不断反复地想着这个问题。

哈娜看见哥哥那么专注的样子，不忍心打断他的思绪，便独自走回屋里去，把牛顿一个人留在院子里。

牛顿坐在树下对着苹果沉思许久，才领悟出苹果会从树上直接掉到地上去，是因为地球引力的作用。接着他又想：

“苹果会因为地球引力而掉下来，为什么月球就不会受到地球引力的影响而掉下来呢？而且它又为什么还会和地球保持一定的距离运转呢？这是不是因为月亮和地球的距离比苹果和地球的距离大的关系？”

牛顿百思不解。

一般人都认为牛顿是因为看见苹果掉下来才发现地球引力的，其实早在古代的希腊就已经有学者发现这个现象。例如意大利的物理学家伽利略就曾经做过有关地球引力的实验，他把一样东西从高处往地面扔，发现它越接近地面时速度越快，不但证明了地球具有引力，而且还因此发现了加速度的法则。

牛顿想苹果和地球之间有引力，月球和地球之间是不是也有引力存在呢？这个问题一直在他心中盘绕不去，忽然他想到：

小时候曾玩过一种游戏，那是用一条细绳子绑住一块石头，然后把它拿在手上用力甩，石头就会绕着圆圈打转。如果把手当成地球，把石头当成月球，那绳子便成了地球引力，这样就可以了解月球为什么会保持一定的距离，绕着地球转，而不会飞走或撞到地球了。同样的道理，地球绕着太阳运转，也是因为这种引力的关系。

他领悟出这个道理，心里有说不出的愉快，同时他又想到：

“地球和月球、太阳之间都有引力存在，这种引力会不会因为距离不同而改变呢？”

他这时候忽然想起开普勒的第二法则，他从这个法则反推回去，结果发现了有名的“逆二乘的法则”，用这个法则可以算出地球和月球之间的引力。

牛顿发现了这个法则，便立刻跑回书房去，拿出纸笔，以他去年秋天发现的微积分法进行计算。但由于牛顿太过相信自己的记忆力了，因而弄错了地球半径，以至于牛顿一遍又一遍地计算，结果却都不符合，他感到失望极了。

最后，牛顿不得不放弃计算，无意中抬起他那布满血丝的眼睛望向窗外，才发现天已经快亮了。

美丽的彩虹

牛顿在故乡过了两年自修的生活。因为一度席卷英国的黑死病，在夺去了全国十分之一人口的生命后才逐渐被控制住，一六六七年三月二十五日，牛顿才又回到阔别已久的剑桥。

牛顿一回到剑桥大学，又开始积极研究光学。一六六四年，他第一次使用三棱镜来做光学实验。但，由于黑死病流行，不得不回到家乡，暂时停止了研究。如今，他终于可以继续从事光学研究了。

一六六七年十月，牛顿回到剑桥大学后半年，被推选为三一学院的特别研究员，这是青年学生最向往的荣誉。得到这项荣誉，对牛顿而言意义更为重大，因为母亲在家乡种田的收入，仅够维持母亲及弟妹的生活，想要寄钱给牛顿便非常的吃力。而从现在开始，他不用再担心经济的问题，能够一心一意地从事研究了。

光学在当时是一门最新的科学，自从伽利略以一个望远镜，揭开宇宙神秘的面纱后，将近五十年的时间里，望远镜在整个近代科学的发展中，一直扮演着很重要的角色。因此，许多科学家都热衷于研究制造更精密的望远镜。

那时候的望远镜不像现在看到的模样。它在观测物体的时候，无法集中焦距，而且物体的周围会产生橘红色的光圈。科学家笛卡儿认为那是因为镜头不完备的缘故，当时的科学家也都相信他的这种说法。牛顿便根据笛卡儿的理论，拼命地制造更为完备的望远镜，但不久他便发现他的努力完全白费了。

牛顿在改良望远镜的同时，也从事有关三棱镜的研究，那是一种很有趣的实验。他首先把房间弄暗，再留出一点点缝隙让阳光通过，照射到挂在墙上的白色幕布上。然后，在光线通过的途中，放置一个三棱镜，结果幕布上出现了一条美丽的七色彩虹，牛顿看了惊讶不已，心想：

“怎么会发生这种奇妙的现象呢？”

他猜想大概是三棱镜打磨得不太规则的缘故，于是又另外做了一个相同的三棱镜。他把新的三棱镜拿来做实验，结果还是一样，他这才确定自己的实验并没有错误。

后来，他又试着把两片三棱镜放在光线通过的途中，结果幕布上出现的却是一道白光。经过这次的实验后，牛顿发现：

一切物体透过两面三棱镜的照射后，影像便会恢复原来的样子。

牛顿得到这个结论后，就在幕布上开了一个洞，在幕布后面另外放置了一面三棱镜，让洞中射出的七彩光线通过，计算各种光线的曲折角度。

牛顿可以说是第一个分解日光的人，为现代光学奠定了基础。他完成整个实验后，归纳结论发现：

阳光看起来似乎是白色的，实际上它是由七种颜色混合而成的，而且各种颜色的曲折率都不一样。

这一项光学的研究真是伟大的发现，因为那时候光学的研究中，最落后的就是有关颜色的研究。

当时的科学家大多相信阿吉斯多尔的学说，他认为色、光和黑暗是可以混合的。

另外一位学者笛卡儿，则认为宇宙间充满了微小的粒子，光是因为受到粒子的压力，当光接触到物体时，就会发生摩擦而转动，转动最快的会变成红色，最慢的会变成紫色。

这些理论好像都有它的道理，但牛顿的实验结果一公布，便完全推翻了阿吉斯多尔和笛卡儿对颜色的误解，使人们真正了解了光和颜色的本来面目。

光和色的秘密被揭开后，改良曲折望远镜变得没有意义。从前的望远镜之所以不完备，问题并不在于镜片的关系，而是在构造上。牛顿了解这一点以后，经过一番研究改良后，发明了内部装置平面镜的反射镜，不但解决了这个问题，而且对于天文学的发展有很大的贡献。

牛顿除了在光学上有重大的发现外，他还继续从事数学的研究。

一六六九年六月，牛顿把他过去对数学的研究心得，整理出一篇论文，题目是《无限项方程式的解释》，他还特地请他的恩师巴洛教授加以指导。

这位开启牛顿对光学及数学研究大门的数学家，在看了牛顿的论文后，非常赞赏他的才能，立刻将这篇论文寄给当时著名的数学家哥林斯。哥林斯对于牛顿的论文也赞不绝口，但大概因为牛顿年纪太轻，所以他们一直没把这篇论文发表出来。这篇论文就这样被搁置了四十二年，真是一件令人遗憾的事。

一六六九年九月，巴洛教授决定辞去名誉崇高的"鲁加斯数学讲座"的教授职位，并推荐他最赏识的牛顿来继任，他自己则准备专心从事宗教工作。但大多数人对这件事都持反对的意见，他们认为牛顿才不过二十七岁，而且他的经验不足，在学术上也没有什么成就。但是，巴洛教授深信牛顿比任何一位科学家都有潜力，况且牛顿对光学、数学的研究更是无人能比。因此，巴洛教授力排众议，深信牛顿一定能提高"鲁加斯数学讲座"在学术上的声誉。

一六六九年十月二十九日，牛顿终于获得"鲁加斯数学讲座"教授之职。这对于二十七岁的牛顿来说，不单是一种崇高的荣誉，而且在经济上也有很大的帮助。

牛顿重回大学时，被推选为三一学院的特别研究员，虽然生活上大致不会有什么问题，但因为他做研究时需要购买药品及实验器材设备等，所以还是经常缺钱。

现在，牛顿担任讲座教授后，每年可以增加一百镑的收入，而且他每年只有一学期的课，每星期才上一次课，并不会耽误他的实验工作。

牛顿的专注精神，在科学界是出了名的。有天清晨，牛顿的仆人因为有事要出去，来不及为牛顿准备早餐，便向正埋头研究的牛顿说：

“先生，我有事出去一下，我在桌上放了一个鸡蛋，等锅里的水开了，你自己把蛋放进去，过五分钟后就可以吃了。”

当时，牛顿正聚精会神地计算一些数学问题，脑子里全都是数字，并没有留意仆人的话。

不久，锅里的水开了，沸腾的声音惊醒了牛顿，牛顿恍惚记起什么似的，手往桌上随便一抓就丢进锅里，又埋头于他的研究工作了。

一小时后，仆人办完事回来，看见牛顿仍然专心在工作，蛋却还摆在桌上，慌忙往锅里一看，然后忍不住大笑起来。牛顿听见仆人的笑声，觉得有点莫名其妙，也往锅里看了一眼，自己不觉也跟着哈哈大笑起来，原来牛顿把摆在桌上的手表当成鸡蛋放

到锅里煮了。

因为牛顿工作时全神贯注，所以经常会闹出这样类似的笑话，有时候甚至一工作就忘了时间，直到第二天天亮，才赶紧钻进被窝里睡觉。他对饮食也很不挑剔，早餐只要一杯橘子汁和两片奶油吐司就可以打发，有时候因为做研究，甚至整天不吃饭。因为他对工作全身心地投入，所以在他还不满三十岁的时候，就已经满头白发了。

旭日东升

XURI DONGSHENG

年仅三十岁的牛顿，就被推选为皇家科学会会员，吸引了不少欣羡的目光……

皇家学会的荣誉

一六五四年，在伦敦市的基普沙特饭店内，四五个对哲学与科学有兴趣的人常聚在那里，互相交换意见、讨论有关问题，有名的理化学家泊伊尔就是其中的一个。这时候他还只是一个名气不大的青年，他把这个聚会称为“无形的大学”。泊伊尔后来还在牛津参加了另一个类似的组织，不久他便把这两个团体合并，定期在克列桐学院聚会。

一六六○年，这个集会已经颇具规模了，大家于是推选克利斯多·伦博士制定章程，正式组织学会。章程中规定：

每周聚会一次，每一个会员收会费十先令，每次出席聚会，需缴费一先令。

当时，对于科学非常关心的国王查理二世，听到这个消息非常高兴，也参加了这个学会。从此这个学会就被称为“不列颠皇家科学会”。

皇家科学会在牛顿发明反射望远镜的时候，已经成为世界上最具科学权威的学会了。凡是被科学会推举为该会会员的，一定会被公认为世界一流的科学家。

牛顿研制出反射望远镜，在当时的科学界，算是一件很伟大的发明。但由于牛顿谦虚的个性，从来不向任何人提起这件事，因此并没有多少人知道这个发明。

巴洛教授自从辞去“鲁加斯数学讲座”的工作后，便在皇家教堂担任祭司的工作。有次他向国王查理二世提起这个发明，查理二世非常感兴趣，便极力邀请牛顿将望远镜送到皇家科学会，让学会会员审查。

一六七二年一月，在一场激烈的审查会后，牛顿终于在沙列斯贝里主教的推荐下，成为皇家学会的会员候选人；一月十一日，牛顿顺利当选为皇家学会的会员。牛顿这时才不过三十岁，就得到这份所有学者梦寐以求的最高荣誉，一时吸引来不少羡慕的目光。

牛顿成为皇家学会会员后，必须常和其他学者做学术上的交流。但从小就独来独往的牛顿，一向不善于与人交往，因此开始时非常不习惯这种生活方式，不过久了以后也就习以为常了。

平时，牛顿除了一方面教学及与学者交流，另一方面更潜心研究奥妙的光学，不久这位年轻有为的会员，又提出有关光与色本体研究的论文。这篇论文详细说明颜色是光的本质，相同的颜色折射率也会相同；如果把两种颜色的光混合，就会变成另一种颜色的光，由此证明白色的光是由许多不同颜色的光组合而成的。

论文发表后，许多学者都大吃一惊，同时更引来一场激烈的争辩，其中以和虎克的争论最引人注目。

罗伯特·虎克比牛顿大七岁，是牛顿在皇家科学会的前辈。他是一个很有才华的科学家，在学术界也有很高的成就，但可惜的是他的虚荣心太强了，他认为只要是科学家，就都是他的竞争者和敌人。

当牛顿将反射望远镜的发明提交皇家科学会时，虎克便以尖刻的话说：

“我承认牛顿的实验，他的假说也很有独到的见解，但那却不像数学定理那样，可以说它是唯一的假设。关于牛顿对于色的现象的假说，没有一项是不能否定的。”

虎克认为颜色并不是光的本质，白色的光透过三棱镜会变成七种颜色，那是因为光的波动，所以他认为光是一种波。牛顿听说了虎克的理论，便立刻以实验证明，将他的波动理论推翻了。

牛顿的研究方法，一向是先调查事物的性质，以实验来分析，然后再做说明，并下一个假说。这种严谨的态度，在今日的科学界被视为理所当然的，但却和当时的研究方法不同。

当时所用的科学方法，是先假设一个原理，再根据这个原理说明一切的现象。如果经由实验证明原理是错误的，也不能推翻原来的假设。

虎克便是采用当时的方法，大胆地做假设，因此很轻易地就被牛顿的实验驳倒了。当虎克的理论被牛顿推翻后，他恼羞成怒，反而控诉牛顿的理论是抄袭他的学说。这使得牛顿不得不为自己提出辩驳，他立刻把自己和虎克学说不同的地方，逐条列举说明让大家明了，使得虎克无话可说，这场争论才暂时停息。

虽然牛顿和虎克的辩论已经停止了，可是因为许多学者早就很嫉妒牛顿的成就，便趁机对他的其他学说加以批评。

刚开始时牛顿还能耐着性子，对那些批评逐一反驳。但不久后他认为这样继续下去，将会成为辩护的奴隶，并因此浪费宝贵的研究时间，实在是毫无意义。因此，他把全部的时间，都花在与争论无关的化学实验上了。

这次与虎克的争论，使牛顿对发表自己研究成果的态度更加严谨，因此使当时的人们无法分享许多伟大的成果。

发明大论战

当纷扰不休的争论渐渐平息后，牛顿才又恢复和学会学者的学术交流活动。

一次，牛顿在与学会秘书奥丁巴格闲聊时，无意间透露了他还有未曾发表的新发现。奥丁巴格惊讶地问道：

“那是哪方面的新发现？”

“哦！是关于数学方面的，我大约十年前就已经研究出来了。”

这更使奥丁巴格觉得不可思议，马上接口问：“为什么不发表呢？”

牛顿解释说，因为当时只把它当作研究的工具而已，并没想到要发表。

“哦！原来是这样呀！那研究的题目是什么呢？”

“我暂时把它称作变动法。”

变动法？奥丁巴格第一次听到这陌生的名词。牛顿见奥丁巴格一脸茫然的样子，立刻解释说：

“你知道我的恩师巴洛教授，发现了在曲线中画切线的方法，变动法就是根据这个原理发展而成的。”

牛顿一面解释，一面用手指蘸着咖啡，运用曲线原理，在桌上画出直角三角形，并指着直角的两边，继续解释：

“奥丁巴格先生，变动法的要点，就是这两边的比例。”

“这比例有什么意义吗？”

“举个例来说，你一定知道利用三棱镜能使光线曲折。不过，你知道它曲折的角度和棱镜顶角的角斜度改变有关吗？”

“这点我知道。”

“变动法就是要计算出，三棱镜必须倾斜多少度，才能使曲折角度变得最小。”

奥丁巴格恍然大悟地说：

“哦！原来如此，这真是个伟大的发现，你能不能在学会上发表呢？”

牛顿想到一旦在学会上发表，必然又会引起一阵争论，而那又是他最厌烦的事，因此委婉地拒绝了。

奥丁巴格为牛顿感到非常惋惜，因为他现在如果不发表，以后假使有人也发现了同样的原理，并将它发表了，那这个原理的创始者就不是牛顿了。

因此奥丁巴格苦劝牛顿，将这个发现概略地向著名数学家哥林斯提出报告，这样就有证据了。牛顿虽然接纳了奥丁巴格的意见，但他认为那不是件重要的事，就暂时把写信的事搁下来，后来因此惹来许多争议。

过了一段时间以后，牛顿经过一番考虑，为了确保微积分的发明权，还是写了一封信给哥林斯，信中虽然说明了变动法的原理，并且举了运动变动法的实例说明，但牛顿害怕他的发现被剽用，有关变动法的部分，全部都以密码来表示，这些密码即使到目前为止，仍然很少有人知道它的真正意义。

生于德国莱比锡的莱布尼兹，与牛顿并称为当时两大数学天才，十九岁时就获得了法学博士学位。后来因为一篇有关法律的论文，被任命为驻巴黎的外交官。莱布尼兹虽然是一位外交官，但因为他在数学方面很有天分，所以在这一方面也有很高的成就。

莱布尼兹驻巴黎以后，结交了一位荷兰数学家霍金斯，两人因为兴趣相投，便共同研究有关微积分的问题。

一六七三年，莱布尼兹到英国访问哥林斯，哥林斯便把牛顿的信交给莱布尼兹看，希望他能对牛顿的变动法做进一步的研究。莱布尼兹看完信后，表示自己工作太忙碌，目前还没有时间从事这方面的研究，要再等一段时间，这件事也就因此而没有下文。

一六七七年六月二十一日，莱布尼兹终于独自研究出微积分法，他立刻将研究的成果在皇家科学会上提出。自此为了微积分发明权的问题，牛顿与莱布尼兹间曾展开一连串的争论。最后，微积分法发明权还是确定归牛顿。

微积分法发明权虽然归牛顿所有，但事实上莱布尼兹的功劳也不可抹杀，因为他俩的微积分法还是有些不同，而且莱布尼兹所使用的符号反而比牛顿的还要简便呢！

提拔后进

荷兰德尔夫特有一家服装店，店主人列文虎克平时除了照料生意外，很少和家人聊天，也不和邻居来往，他只要一有空就拿着磨石，蹲在地上专心地磨玻璃镜片，所以很多人都把他当成疯子看待。

但列文虎克从来不管他人的看法，每天辛勤地磨制镜片。镜片磨好之后，他便将它装到镜架上，用来观察周围的每一件东西。透过镜片，他发现了一个令他着迷的花花世界。

一天，列文虎克突然在房里大声地喊叫，他十九岁的女儿玛丽听到了，连忙慌张地跑进房里一看，只见他一面看着镜片，一面兴奋地大喊：

“啊！看见了，我看见了！”

玛丽感到很奇怪，马上走向前去，问他说：

“爸爸，你看见什么了？”

“玛丽，你快来看，你看水滴里有东西在动呢！”

玛丽接过来一看，果然看见水中有数不清的东西在蠕动，令人看了眼花缭乱，不禁好奇地问说：

“爸爸，这是什么东西呢？看起来怪可怕的。”

“我也不知道到底是什么东西，不过我敢确定这一定是一种生物。”

列文虎克发现这种细微的生物后，便将它取名为“可怜的小虫”，后来科学家称它为微生物，而列文虎克用来观察微生物的仪器被称为显微镜。

水中的微生物到底是从哪里来的呢？这个疑问一直在列文虎克的脑海中盘旋。他于是找来一个干净的碗，放在屋外接雨水。观察结果发现，雨水中并没有任何的微生物。虽然如此，列文虎克仍不放弃观察，终于在四天后发现雨水中开始有生物游动了。

其他人看到列文虎克每天拿着显微镜东瞧西瞧地，都以为他精神不正常，只有一个名叫克拉夫的医生不这么认为。

当列文虎克告诉克拉夫医生他的发现时，克拉夫医生高兴地紧紧拉着他的手说：

“这真是了不起的发现，你赶快向伦敦皇家科学会提出报告吧！”

列文虎克接受了医生的劝告，立刻向学会提出实验结果报告。不久，这位荷兰的服装店主人竟然收到学会的邀请卡，请他出席

会议。

列文虎克一接到学会的邀请，便兴奋地带着他那架显微镜赶往伦敦，参加皇家科学会的会议。他在会议中亲自操作显微镜，并说明发现经过，每一位会员看到镜片底下蠕动的微生物，都赞叹不已，异口同声地说：

“这真是一项伟大的发明！”

当时，许多人都一致赞同推荐列文虎克为会员之一，其中最热心的就是牛顿。可是仍然有些人认为，只因为发明一架显微镜，就推荐一个商人为皇家科学会会员，这未免太草率了，但牛顿却仍力持己见，一一说服其他人通过议案。他说：

“科学这种东西，不是立了假说，在纸上谈兵就可以办到的，而是先要了解物质的本体。伽利略发明望远镜，等于是为我们开启了极大世界的秘密之门。现在，列文虎克发明了显微镜，才使我们能窥知极小的世界。

“现在，如果不让列文虎克先生成为会员，对于他个人并没有多大损失，但却是皇家科学会的一大耻辱。”

经过牛顿的努力，列文虎克终于成为皇家科学会的会员。皇家科学会一直很希望列文虎克在入会后，能将显微镜捐给学会，但他却始终不愿意捐出，一直到一七二三年临终前，才吩咐他最要好的朋友，将他视为宝贝的显微镜赠给皇家科学会。这时，牛顿正好担任学会的会长，他听到这个消息以后，微笑着说：

“四十五年前，列文虎克拒绝捐赠显微镜，临终前却做了一件令人敬佩的事。”

伟大的发现

在与罗伯特·虎克多次的争辩后，牛顿深深觉得，真正的理论或原理是经得起考验的，但最使他觉得伤心的，就是那些因嫉妒、不满产生的争论。

一六七六年初，牛顿为了躲开争吵不休的伦敦皇家科学会，决定回到剑桥，专心做他的研究工作。

有一天，牛顿接到虎克写来的信，信上表明他的歉意，并希望恢复两人的友谊，他在信上说：

你上星期在学会的报告，对我似乎有所误解。因为我也曾经有过相同的遭遇，所以我非常了解你的心情。

请恕我直率地说话，我认为就你现在研究的题目，你是最适当的人选。从前我也曾研究过相同的问题，但因为其他原因而半途作废，我相信我们做这个题目的信念是相同的，都是要发现真理，所以我觉得应该容忍其他不同的意见。

我写这封信给你并没有敌意，而是以一种愉快、诚恳的心情，虚心地接受由实验而获得的结论。如果你能给我回信，我将会感到很荣幸，同时，我也会将我的意见告诉你，不知道你的意见如何？

虎克这封信写得很诚恳，牛顿立刻便回了他一封信，两个人的争论终于到此告一段落。

一六七七年，牛顿的恩师巴洛教授逝世，皇家科学会秘书奥丁巴格也随着在第二年去世了，虎克和克利斯多·伦博士便被选为秘书。

虎克继任为秘书以后，曾写信给牛顿，希望他能将新近的发现或疑问告知，而且保证绝对不会公开信的内容。

牛顿于是立刻写了一封信给虎克，在信中信笔提到他近来的发现：

由于地球的自转是由西向东，因此由高处落下的物体是呈螺旋状下坠，而且下落的位置稍微偏东，由这个实验可以证明地球的自转运动。

虎克收到这封信以后，心里非常的高兴。他为了证明牛顿的实验，便也亲自做了这项试验，实验后他发现下坠的物体并不会呈螺旋状，而是呈偏心椭圆形，如果遇到阻碍，就会成偏心椭圆的螺旋状，而且落下的地点是偏东南，并不是牛顿说的偏东方。

虎克发现了这一点以后，一心想要雪洗败在牛顿手下的耻辱，完全不顾对牛顿的承诺，马上在皇家科学会上公开牛顿的信，当众指出牛顿的错误。

牛顿知道这件事以后，显得非常狼狈，因为他写信时没有仔细考虑，便随意写下自己的看法，经过虎克指正以后，才发觉自己确实太过疏忽，随便就把不成熟的发现告诉他人，才会发生这次事件。他觉得人的世界太过复杂，不是自己所能应付的，于是又开始从事研究工作。

牛顿这时想起那次为了躲避黑死病回家乡时，利用空闲发现的引力与距离平方成反比的法则，当时的演算结果和法则不符，现在正好可以再把它拿来研究，说不定可以找出原因来。

经过牛顿仔细核对后，才发现原来演算时，把地球的半径搞错了，得到的结果才会不符合。找出原因以后，牛顿异常的兴奋，他再以正确的地球半径重新演算，结果终于和事实完全一致。

这时，牛顿心中的喜悦真是难以形容，他为了确定自己的演算没错，抑制住内心的激动，又请他的助手重新计算一次，结果终于证实他的法则无误。

这个发现真是科学界的一件大事，但是牛顿的老毛病依然不改。他把这个发现记在笔记本上，就又把它搁到抽屉里，完全没想到要发表。

重新出发

自从一六七二年被选为皇家科学会会员，到一六八四年为止，这整整十二年中，牛顿虽然尽量避免参加不必要的学术研讨和争论，但那些研讨和争论仍占去他大半的时间。

在那十二年中，牛顿除了提出《光与色的本体》论文和变动法的原理及一些数学法则外，几乎没有发表其他的科学研究报告，这位科学界的巨人仿佛被那些争论累垮了。

一六八四年一月，在一次学术研究会后，虎克、哈雷、克利斯多·伦博士三个人聚在一起聊天。他们闲聊过当时科学界一些有趣的事后，哈雷这位因发现彗星而闻名的年轻学者突然说：

“我根据开普勒的第三法则，下了引力与距离平方成反比的假说，不知道两位前辈有什么看法？”

虎克和克利斯多·伦博士两人听了之后，都表示同意他的看法。不过，伦博士接着说：

“如果这个假说没错的话，行星绕着太阳运转，到底会形成什么样的轨道呢？”

虎克便微笑着说：

“这个问题很简单呀！一切天体的运行，在开普勒的法则中都已经说得很明白了，我也已经证明过了。”

但伦博士知道虎克在学问上态度不够认真，所以并不相信他的话，便转头问哈雷的意见，哈雷说：

“我虽然曾经做过很多次实验，但一直不能得到证明。”

伦博士听了以后，便对他们说：

“这样吧！我愿意拿出四十先令作为奖励，看谁能在两个月内最早发现行星的轨道，同时还要以数学证明。”

年轻的哈雷听到这些话以后，决心要解决这个问题，但仅靠他的力量是不够的。而大言不惭的虎克在两个月过后，也没有将答案发表出来。

这个问题经过好几个月仍然没有解决。一天，哈雷忽然想起独自在剑桥潜心研究的牛顿，便兼程赶往伦敦去找他，并很谦虚地问他：

“牛顿先生，我由开普勒的法则中，得到引力与距离平方成反比的假说，不知道你的看法如何？”

牛顿立刻回答说：

“你这个假说没有错，在数学上是可以证明的。”

哈雷听了很高兴，便又接着问：

“如果这种假说没错，那行星是绕着哪种轨道运行的呢？”

牛顿随即不假思索地说：

“椭圆形。”

哈雷显然非常惊讶，一双大眼睛直视着牛顿。牛顿接着又说：

“有关这一点，好几年前我已经以数学方法证明过了，我当时随手就抄在笔记上，现在不知道放到哪里去了。”

哈雷感到非常不可思议：这么伟大的发现，牛顿竟然放了那么多年而不发表，他究竟是个什么样的人呢？

牛顿找遍了所有角落，就是找不到那本笔记本，便请哈雷先回去，自己重新演算一次后寄给哈雷。哈雷接到牛顿演算的证明后，觉得这么伟大的发现不公之于世，实在是一件很可惜的事，便决定劝牛顿把它发表出来。

由于哈雷的热心鼓励，牛顿除了在剑桥大学做了“关于运动”的一系列演讲外，还发表了一篇长达二十四页的论文。牛顿的这篇论文，已经从行星的椭圆运动，进展到整个天体的运行。论文一发表，便轰动了整个学术界。

牛顿发表论文以后，哈雷更建议他将其整理出版，以促进科学的进步。由于前几次的争论而对此丧失兴趣的牛顿，这时又开始热心于出版的准备工作了。

永垂不朽的巨著

经过一年半的废寝忘食，牛顿终于完成了《自然哲学的数学原理》一书。

这本书是用当时学术界的国际语言——拉丁文写成的，全书共分成三大卷。书的内容包罗万象，其中以牛顿的三大运动定律最著名。

什么是牛顿的三大定律呢？牛顿的第一定律，就是大家最熟悉的惯性定律。他认为物体如果没有受到外来的力量作用，静止的便永远静止，运动中的也持续运动，而且是保持同样的速度和方向运动。相信大家都有这种经验，当你坐在车上，车子突然刹车时，你的身体便会往前倾，这就是惯性定律的作用。

第二定律是说当物体受到外来的力量时，它运动量的变化和物体的质量没有关系，而是和外来力量的大小、用力的时间成正比；它变化的方向则和外力的方向相同。例如打棒球的时候，用的力量越大打得越远，同时球的方向也会和挥棒的方向相同。

第三定律也就是反作用力定律，这个定律很容易就能理解，比如你用手打了别人一下，这时候你的手也等于被他打了一下，这是怎么说呢？根据牛顿的说法，认为当一个物体受到外来的力量时，一定会产生一种和外来力量相等、但是方向相反的力量，这就是反作用力。

牛顿的三大定律在我们生活中随处可见，如果有兴趣的话，不妨亲自试验一下。只要了解了牛顿的三大定律，就能知道宇宙间所有物体的动向。

当牛顿《自然哲学的数学原理》一书出版后，在学术界引起了轩然大波，学者们对牛顿学问之精深相当佩服，把这本书称为古今的杰作，认为他是世界上最伟大的天才。被誉为近代数学之父的拉克兰久也曾经说过：

“这真是古今的杰作，人类的伟业。他论旨的精密正确，更是无人能与他相提并论。”

《自然哲学的数学原理》第一卷原稿，在一六八六年四月送到皇家科学会。稿子送到科学会以后的一段时期，牛顿的冲劲与热情似乎开始有点松懈了。

牛顿之所以会松懈下来，一部分是因自一六八四年十二月整理资料开始，到一六八六年四月完成为止，在这段近一年半的时间内，牛顿夜以继日地努力研究，确实感觉有些疲倦。

当牛顿将他的著作公开后，不料虎克竟然在学会上诬告牛顿窃用他的理论。牛顿刚开始时还能和他保持友谊，但是，虎克却得寸进尺，要求牛顿在序文中提一提这件事，牛顿这时已忍无可忍，便声言他从没听过虎克的任何学说，两个人因此产生正面冲突。

牛顿因为这件事而对出书的事感到心灰意冷，便马上写信要哈雷停止第三卷的出版工作，他说：

科学家常使科学变成一个鲁莽而且喜好争论的妇人，真令我不敢再接近他了。

牛顿由于这件事而放弃出版，感到最伤心的当然是哈雷，因为这本书最初决定由皇家学会负责出版，后来由于皇家学会经济拮据，变成由哈雷自己拿钱出版。

哈雷本身的经济并不宽裕，他出资出版这本书，完全是希望大家都能分享到这份成果。于是，当牛顿表示要停止出版时，他马上就赶到剑桥去找牛顿。

哈雷看到这位科学巨人时，便毫不客气地提出他的看法：

“先生，您现在已经是名满科学界的人物了，而虎克却只是个无名小卒，我觉得您不妨放宽度量，原谅他吧！

“如果一个科学家发现了宝贵的真理，却因为个人的情感因素而不想公开发表，那真是科学上一个不可原谅的懦者。哥白尼、伽利略不都是为了真理，而以生命做赌注，发表他们的研究吗？由此看来，指责、误解和争论又算什么呢？”

“先生，求求您，再想一想吧！我不希望您成为一个懦夫。”

哈雷这种对科学的热忱，深深感动了牛顿。

于是，牛顿才又再度提笔，写完第三卷。这部科学界的旷世杰作，经过几番波折终于能够全部问世了。

维护学术自由

一六八五年二月，当牛顿正忙于著作时，当时的国王查理二世突患脑溢血逝世。

查理二世是一位明理又有为的国王。他在位的时候，英国的民主政治才逐渐发达，科学也突飞猛进，皇家科学会和格林尼治天文台，就是他在位期间创建的。

查理二世去世后，便由他的弟弟詹姆士二世继位。新的国王与他哥哥的性格及作风完全不同，由于他的个性鲁莽顽固，很不得人民欢心。查理二世临终时，早就料到会有这种情形发生，一直很担心弟弟又会面临逃亡的命运，但他所害怕的事还是无法避免。

詹姆士二世继任王位后，就立刻实施高压专制政治。人民在他暴戾的统治下纷纷起来反抗，他于是采取强硬的措施，以强大的武力来镇压暴乱。凡是领导暴乱的人一律处死，就是同情暴乱的百姓，也会遭到相同的命运。

詹姆士是一个狂热的天主教徒，希望政府的文武官员全部由天主教徒充任。他为了实现这个计划，竟然不顾法律的尊严，随自己喜好派任官员。由于他的作为太过分了，反对国王的声浪，除了普遍存在于国会里，也逐渐扩展到贵族当中。

詹姆士不仅干涉国会，甚至想把他的计划延伸到校园中。他派了一个叫马塞的天主教徒，出任牛津大学莫特林学院的院长，并将反对这件事的二十五个评议员全部免职。

新任国王的计划在牛津大学遭到反对后，便将箭头指向剑桥大学，命令剑桥大学颁给法兰西斯教士文艺硕士的学位。

法兰西斯是一个天主教教士，除此之外一无可取，剑桥大学评议会为了维护大学的神圣性，断然拒绝詹姆士的要求，教廷高等法院因此传讯副校长毕塞尔。剑桥大学评议会立刻推举了几个代表陪同毕塞尔应讯，牛顿也被推选为代表之一。

法庭开审时，或许因为气氛森严的关系，毕塞尔显得很紧张，申述大学的立场时，身体不停地发抖，审判长因此气焰更加嚣张。当评议员代表准备发表意见时，审判长大声喝止他们发言，然后当众宣布免除毕塞尔副校长的职务。

当代表们愤慨地准备退席时，审判长又说：

“你们该知道《圣经》里的话吧！走你自己该走的路，不要再犯罪，也不要再做坏事。”

牛顿听了义愤填膺，便挺身而出，说服所有的代表们坚持原来的看法——绝不妥协。

剑桥大学在毕塞尔被免职以后，立刻又选出波特斯顿继任副校长。波特斯顿是一个性情耿直的人，在学术界威望很高。剑桥大学在新任副校长的领导下，始终维护大学的自由与学术尊严。

吹泡泡的怪人

牛顿自高等法院回来后，便致力于《自然哲学的数学原理》出版工作，这本书终于在一六八七年六月正式出版。由于这是一本探讨力学最完整的论著，所以这本书的销路非常好，牛顿的声誉也跟着越来越高。

书出版以后，牛顿顿时感到轻松多了，便又开始从事他的研究报告。

一个星期六的下午，剑桥的一位年轻教授坐着马车，到学校附近的一家小旅馆去度周末，他走进旅馆便向主人打招呼：

“嗨！好久不见了。明天是星期天，我想在这里度个周末，有没有房间呢？”

旅馆主人马上笑脸迎向他，对他说：

“房间多得是，随便你要哪一间都可以。不过，有一件事我想告诉你。前些日子这里住进了一个很奇怪的客人，我看他的行为很奇怪，好像精神有点不正常。”

“那你怎么还会把房间租给他呢？”

“我看他行为虽然很奇怪，但他每天不是看书就是沉思，我想他是不会害人的。”

那个年轻教授听了旅馆主人的话后，心里觉得很好奇，便特地选了靠近那个怪人的房间，想要看个究竟。

第二天是个万里无云的好日子，那位年轻教授一觉醒来时，发现太阳早已升得高高的了，便立刻从窗户往外看，果然看见院子里有一个男子，正用一根细管子蘸着盆子里的肥皂水吹泡泡。他再仔细看了那个人的脸以后，才发现这个吹泡泡的男子并不是疯子，而是大科学家牛顿。

牛顿在院子里吹泡泡并不是为了好玩，也不是精神异常，而是正在从事一项有关光的实验。因为有次他在无意中，发现泡泡在阳光的照耀下，竟然会产生美丽的环纹，于是决定要研究它的原理。

他做实验时，不仅使用白色的光，也用其他特别颜色的光。实验后，他发现光透过透明的薄膜时，会产生一圈圈往外扩展的五彩环纹，环纹与环纹间是以黑色隔开。这些环纹还会依光谱的顺序排列，至于环纹的大小则因颜色不同而有差异。

经过无数次艰难的实验，牛顿终于成功地用数学公式表明环色与薄膜厚度的关系，这就是著名的“牛顿环”。

世界伟人传记

“牛顿环”虽然是一个很重要的发现，但因为牛顿所采用的理论不正确，反而将光学导入歧途，使光学研究在牛顿生前几乎处于停顿的状态，实在是一件很可惜的事。

久等了，葡萄酒

一六八八年的冬季，有一天牛顿请了几位剑桥大学的教授到家里来做客。

黄昏时分，用人进来通报说客人已经都来了，牛顿便立刻迎了出来，和客人们闲聊近来的局势，其中有一位客人说：

“詹姆士二世真是罪有应得，简直不把人民当人看待，真是太可恶了！不过，如果不是今年春天王后生了个王子，我想人们大概还可以忍耐下去，不会把他赶出英国吧！因为只要詹姆士二世一死，嫁给奥伦治公威廉的玛丽公主，就可以回来继任王位了。”

另外一个接着说：

“说得也是，听说那七个被国王关在伦敦塔的无辜教士宣告无罪的当天，一些政治界的重要人士就举行了一个秘密集会，决定派密使将签署的文件带到荷兰去，要迎接威廉王及玛丽公主回国。

“威廉王一接到信，便立刻带兵前往英国，沿途都有百姓列队欢迎他。詹姆士二世看情势不对，便立刻逃往法国。詹姆士二世逃走就等于自行退位，威廉王与玛丽公主才能顺利即位。”

大家你一言我一语地谈着，饭菜也已经准备好了，牛顿便领大家到饭厅里去用餐。在餐桌上，大家谈得非常愉快，牛顿当时兴致正高，突然站起来说：

“各位，我忽然想到我有一瓶上好的葡萄酒，我这就去拿，大家慢慢用餐吧！”

牛顿说完，便转身到地窖里去拿酒，客人们仍继续一面用餐一面谈笑。

过了好一会儿，客人都已经吃得差不多了，却还不见牛顿把酒拿来，其中一个客人便好奇地到地窖去瞧瞧究竟。他走进地窖，发现牛顿一手拿着一瓶酒，一手正起劲地在桌上写字。原来牛顿拿酒时，突然有了一个重要的想法，便拿起笔赶快写下来，没想到竟忘了客人还等着他拿酒来呢！

沉默的议员

新王威廉即位后，立刻于一六八九年一月召开新的国会。由于牛顿为维护学术的自由与尊严所表现的直言之勇，深为剑桥大学评议委员们所钦佩，于是推荐牛顿为国会议员。

但是，牛顿在这一年的议员生活中，过得并不愉快。他原本是一位以研究为生活重心的科学家，如今要他离开实验室，整天为开会和接待客人而忙碌，实在是件很痛苦的事。

由于牛顿对政治没有丝毫的兴趣，所以在担任议员的一年当中几乎都保持沉默，从来不曾在议会中发表任何演说，他仅仅说过一句话：

“守卫长，麻烦您将窗户关起来。”

牛顿虽然在议会中没有发表过任何言论，但他所代表的自由与民权的斗士形象，仍是一股巨大的力量。文豪马可列就曾说过：

“在默默无声的议员中，依撒克·牛顿那突出的额头和沉痛

的表情，表现了维护学术自由与宗教自由的强硬态度。”

牛顿在当了国会议员后，生活还是非常穷困，剑桥大学的教授们很同情他的处境，都为他奔走呼吁。但经过种种的努力，仍无法替牛顿找到好的职位。生活的困窘，无情地打击着这位杰出的科学家。

这时，还有件更令牛顿伤心的事，就是母亲患了重病。牛顿的母亲为了照顾染上热病的弟弟，自己却不幸被传染，卧病在床。

从小就失去父亲的牛顿，自从离开母亲到剑桥后，虽专心于科学研究，却仍时时刻刻想念母亲，时常抽空回荷尔泽普，去探望她。

现在，他知道母亲病重，便立刻抛开一切的工作，连夜赶回家里。当天晚上，牛顿便坐在母亲的床前，亲自照顾病中的母亲。可是他母亲的病情仍然没有好转，最终还是撒手西归了。此后牛顿满怀着悲伤的心情回到伦敦。

牛顿回伦敦后不久，那个被称为“自由的国会”便解散了，牛顿这时终于摆脱了那些烦人的会议，又重回到实验室里，继续他还没完成的光学研究工作。

晚年生活

WANNIAN SHENGHUO

我像在海滩玩耍的孩子，捡到光滑的贝壳便高兴大喊，我未知的真理却如浩瀚大海……

精神失常

自从母亲去世以后，牛顿的情绪一直无法平复，只有将全部精力投注于光学研究上，希望借此忘记心里的痛苦。

经过了三年的努力，牛顿在光学上已经颇有成就，研究报告及资料堆满了书桌。他于是想将这些研究详加整理，准备出一本有关光学的书。

但是，就在他兴致勃勃准备出书时，却发生了一件意外事件，改变了牛顿的命运。

一六九二年春天的一个晚上，牛顿由于临时有事要出门，便暂时搁下接近完成的工作，蜡烛也没熄灭，披上外衣就匆忙出去了。

牛顿一出门，屋子里就只剩下他最心爱的小猫“金刚钻”。它独自在屋里走来走去，觉得无聊极了，真想找件有趣的事来做。这时，它那一双圆溜溜的大眼睛，忽然瞧见书桌上的烛火，这似乎是一样很有意思的东西，“金刚钻”于是跳上书桌，因为用力过猛，一个不小心，竟然把蜡烛打翻了，屋里顿时着起火来。

当牛顿办完事回来，推开房门一看，发现一道火舌正恶狠狠地伸向他，“金刚钻”看见主人回来，便在角落里“咪咪、咪咪”地向他求救。牛顿看情形不对，便马上脱下外衣来扑火，费了好一会儿工夫才把火熄灭。

随后，牛顿检查了一下房间，发现东西并没有多大损失。不过，他多年来研究的成果，在这一场火中全部烧掉了。牛顿看着自己的智慧结晶就此化为乌有，心痛地抚摸着小猫，悲伤地嘟哝着：

“哦！金刚钻啊！你可知道你闯了多大的祸吗？”

这一次事件对牛顿的打击，加上母亲去世后久久无法愈合的伤痛，使牛顿的精神彻底地崩溃了。

他有很长的一段时间都无法好好地睡觉，即使吃东西时，也是食不知味。平时一向温文沉静的牛顿，变得经常心神不宁，有时为了芝麻点的小事也会暴跳如雷，这种情形一直持续了两年。

有一天，牛顿的朋友贝比兹突然接到他的一封信，信上写着：

……一天，米理顿拿你的信来，要我下次到伦敦时，一定要去看看你。我虽然告诉他我目前还没有办法去看你，但他不管我怎么说还是一定要我去，逼不得已，我只好答应了他的请求。

现在，我想坦白向你说明，最近一年来，我因为被一些不相干的事情所困扰，害得我睡眠和饮食都很不正常，精神也变得很

不好。因此，我不想去看你或其他的任何朋友，我只想一个人安静地过活，我希望你能体谅我，好吗？

贝比兹接到这封信后，觉得有点莫名其妙，心里突然有些不安。因为他记得并没有在给米理顿的信中提到这件事，于是决定立刻去找米理顿问个明白。

米理顿知道这件事后，也觉得一头雾水，因为他最近根本没去找过牛顿，更没有拿信给牛顿看。贝比兹觉得事情有点不对，说：

“该不会是牛顿在跟我们开玩笑吧！还是因为最近发生的几件事，使得他头脑有点问题呢？”

米理顿急于想要知道答案，便立刻赶往剑桥去探望牛顿。米理顿赶到剑桥，看到牛顿脸色发青，精神有些恍惚，但还没有失去理智，于是问他怎么会写给贝比兹那封信。

牛顿不好意思地搔着头说：

“关于这件事，我实在是非常抱歉，因为我前些日子生活不太正常，精神有点失常，我也不知道为什么会写那些话，实在是非常不好意思，可不可以请你代我向贝比兹道歉呢？”

米理顿听他这么说，放心了不少，但还是关心地问：

“你最近觉得怎样呢？精神有没有好些了？”

“米理顿，谢谢你的关心，我想只要再多休息一阵子，大概就没有问题了，你还是回去吧！”

由于牛顿一再地保证，米理顿才依依不舍地回去。

就在牛顿写信给贝比兹后不久，哲学家洛克也收到牛顿一封奇怪的信，信上的笔迹完全不像他平常的样子，显得非常潦草；语气也不像他平时般温文儒雅，完全是尖酸刻薄的谩骂。

洛克心想牛顿一定是发生事情了，于是写了一封充满关怀的信给他，牛顿收到信后，立刻回信说：

去年冬天，因为我常喜欢坐在炉边打盹儿，养成了爱打瞌睡的坏习惯。没想到，今年夏天我的健康状况愈来愈坏，精神也有些衰弱，而且情况越来越糟。

最近两个星期以来，我每天晚上都睡不到一小时，精神简直是坏透了，上次我在信里写了些什么，我一点也记不起来了，如果说了些什么不该说的话，就请你多多包涵了。

牛顿精神失常的消息，后来竟然也传到国外去，最后大家都误传他已经发疯了。

当这个消息传回英国时，皇家科学会还特地澄清这件事，事实上牛顿这时已经完全复原了。

从一六九一年到一六九三年，这整整两年中，他一直深为失眠症所苦恼，这也是牛顿一生中最黑暗的一页。

观测天文

牛顿在患有严重的神经衰弱症的同时，却还从事有关月亮的研究。

牛顿为了证实万有引力法则的方程式，就必须要实地观测月亮。当时能够观察月亮的，就只有格林尼治天文台一个地方而已。

格林尼治天文台是查理二世时候建造的，设计者是佛拉姆斯德特，建造完成后便由他担任台长。天文台完工后，政府便停止拨款，甚至连薪资也经常拖欠。佛拉姆斯德特为了添置台内的器具，不得不另外兼任家庭教师和牧师的工作，以增加收入，还利用私人名义到处争取募捐。

因为天文台的设备、仪器，都是佛拉姆斯德特一个人辛苦工作添置的，所以天文台似乎成为他个人的私有财产，任何学者或学会都无权要求他提供观测结果。

幸好，牛顿是佛拉姆斯德特的老朋友，所以当牛顿要求寄给他观测资料时，他便很高兴地寄给牛顿，并且答应提供牛顿研究上所需要的观测资料。不过，他要求牛顿不可将天文台的观测资料透露给别人，而且据观测资料得到的理论也只能让他一个人知道。

牛顿为了感激佛拉姆斯德特的帮忙，特别赠送他一份曲折表，这是牛顿非常重要的发现，也是天文学者所必须具备的工具。

牛顿与佛拉姆斯德特的合作一直都很愉快，但后来因为牛顿急于想早日证实他的理论，频频催促佛拉姆斯德特寄给他资料，佛拉姆斯德特渐渐觉得心力交瘁，但仍对牛顿的理论评价极高。在他给牛顿的信上说：

我的工作就像收集金砂的人，而您却将它淘洗成纯金，而且更进一步加工，使它变成精美、实用的成品。假如没有您的巧思运用，我的工作就可能变得毫无价值。

他们两人合作很长一段时间之后，佛拉姆斯德特因为辛劳过度，身体健康情况变得很糟，患上了很严重的头痛症和胆结石。

长期为精神衰弱所苦的牛顿，知道这件事后，对他极表同情，写信告诉他说：

亲爱的佛拉姆斯德特：

收到你的来信，知道你最近患有很严重的头痛，我非常地关切。

本多勒博士也曾和你有同样的困扰，他后来发现用布紧紧缠住头骨部分，可使它感觉麻痹，这是一种很好的治疗方法，你不妨试试看。

佛拉姆斯德特知道牛顿这么关怀自己的身体，心里非常的感动，但仍无法将近期的观测资料寄给牛顿。身体不适，当然是原因之一，但最重要的是因为他一直很不喜欢哈雷这个人，他害怕自己会成为牛顿和哈雷的工具。

由于佛拉姆斯德特不再供应月球的观测资料，牛顿的研究工作只得暂时搁下。

一六九五年九月，牛顿写了一封信给佛拉姆斯德特说：

最近，哈雷为了研究彗星轨道问题到这儿来找我，他根据我研究的理论推算，发现他于一六八三年算出来的彗星轨道，和你的观测结果刚好相同，真是非常感激你提供的资料。

前些日子我从家乡回来，最近还想再出外旅行一趟，恐怕一时也没有时间研究有关月球的问题，你刚好可以趁这个机会，好好休养身体。

这是牛顿给佛拉姆斯德特的最后一封信，从此两人就没有书信来往了。

担任造币局局长

一六九六年三月，财政大臣蒙德克——牛顿大学时代的好朋友，忽然写了封信给牛顿，信中提到一件令牛顿非常高兴的事：

由于造币局监督奥巴特里先生，调任海关税务委员会委员，原来的职位因此出缺。前一阵子国王向我表示，要请你继任造币局监督，不知你觉得如何？

我认为这职位很适合你，而且这是一个仅次于局长的职位，年薪约为五六百镑，这里的工作不会太繁忙，所以不会占用你多少时间。

请尽快来伦敦，一切必要的手续我会替你办。

英国自伊丽莎白女王时代采取银本位制以来，因为银币是用品质粗劣的合金制成，所以常常被伪造，以致银币价值一落千丈，物价飞涨，人民生活困苦不堪，对国外的信用也丧失殆尽。

在这种情形下，国会通过铸造新银币来代替旧银币的提案。于是，货币改造问题，就成为英国的重大问题之一，而蒙德克为表现他的才干，便委托牛顿担负这一重大责任。

牛顿在了解铸造银币的过程后，便开始研究新的铸造方法。

对他来说，这是一件相当辛苦的事情，三十几年来，牛顿一直在讲堂和研究室为科学真理奔忙。现在，面对陌生的政府行政工作，他感觉有点不太习惯。但牛顿的个性是不管哪一件事，只要他负起责任来，就一定要认真做好，否则心里会很过意不去。

不久，牛顿想出了一个新的铸造方法。他把旧币放进炉中熔化后，再以预先铸好的银币模子铸造钱币。这样一来，银币的形状、大小、重量等就统一了。

由于这种铸造方法，银币不容易再被伪造，英国的经济因此逐渐地好转。但是，政府反对党不愿看到对他们不利的事情发生，于是倾力迫使牛顿离开造币局。他们虽然用尽各种威胁利诱的方法，但还是无法迫使牛顿离开。

货币改铸工作，在牛顿日夜不懈的努力下，终于在一六九七年顺利完成，牛顿也因功绩显著，由监督升为造币局局长。

一六九六年，牛顿到伦敦时，就住在嘉明街。当他升任为局长后，仍然住在这幢他当监督时住的房子。

牛顿由于升任局长，因此免不了会有一些应酬，但牛顿生性不喜欢喧闹的场合，正好他的外甥女嘉德琳的父亲刚刚去世，便将她接到伦敦来和他同住。

嘉德琳是牛顿妹妹哈娜的女儿，牛顿一直都很疼爱她。嘉德琳这时才十七岁，出落得亭亭玉立，是一个聪明且口齿伶俐的少女，非常善于交际应酬的事情。一向厌恶交际应酬的牛顿，有了嘉德琳的帮助，从此大可放心地做他想做的事情。

嘉德琳确实是一个能干的小妇人，她除了帮助牛顿处理家事，牛顿的朋友也大都由她来招待，由于她的风度、幽默，使得在场的宾客都能感受到愉快的气氛，赢得了不少人的称赞。

虽然嘉德琳常在牛顿家招待客人，但这些对牛顿却没有丝毫的影响。当嘉德琳与宾客畅谈品酒时，牛顿却独自躲在书房里埋头做研究工作。

因此，在嘉明街的牛顿家中，有着两种截然不同的生活。一种是以嘉德琳为中心，过着豪华热闹的生活；一种是牛顿独自一人躲在恬静的书房里，埋头科学研究的朴素生活。

牛顿自从进入造币局工作后，由于工作较忙，而年纪也已经大了，便决定辞掉“鲁加斯数学讲座”教授一职，由天文学家威廉·霍士顿接任这份工作。表面上虽然离开了科学的前线，但牛顿卓越的天才仍难掩盖。

一六九六年六月，闻名的数学家本里，在报上提出两个问题，公开向全世界的数学家挑战，限定在六个月内答复。

莱布尼兹在限期内首先正确地解答了第一个问题，对于第二个问题，他要求延长一年再做答复，本里同意之后，仍然继续在报上刊登那两个问题。

这则消息连续在报上刊登了半年多后，有一天牛顿回到家中，他的仆人便将本里登在报上公开挑战的消息拿给他看。牛顿看完这则消息之后，便拿着报纸走进书房去。第二天一早，牛顿就把这两个问题都解决了，他立刻将答案封好，让仆人给本里寄去。

一六九九年，牛顿根据新的科学方法，拟订了一种革命性的修正历书的方法；根据这种方法可推算春分、秋分、夏至和冬至的日期。

一七〇〇年，牛顿又发明了六分仪，并将它的原理告诉哈雷。六分仪是航海与测量上不可或缺的工具，但没有人能了解它的价值，因此在当时并不受重视，直到一七二七年牛顿去世后，才由约翰·哈特勒重新发明。

一七〇一年，牛顿发表了一篇有关温度的论文，就是所谓的“牛顿冷冻法则”，这个法则不但在物理学上的贡献很大，在冶金学上也非常的重要。

由于牛顿在科学上的非凡贡献，一七〇三年十一月，他终于升任为皇家科学会会长，这无疑是跃登上了科学界的王座。

一七〇二年，威廉国王逝世后，便由詹姆士二世的次女安妮，继任王位。安妮女王的丈夫乔治公爵，对于科学相当有兴趣。所以在牛顿担任皇家科学会会长的第二年——一七〇四年，乔治公爵便加入了该会。

由于安妮女王非常钦佩牛顿在科学研究上的伟大贡献，于是在一七〇五年四月十六日，授予牛顿爵士爵位，牛顿便成为英国史上第一位被封为爵士的科学家。

牛顿虽然得到史上最高的荣誉，但他生性淡泊名利，从不因为拥有如此崇高的成就而骄傲。相反地，他比以前更谦虚、宽厚，更乐于助人。

这位身兼二职的科学家，在忙碌的公务生涯中，仍然对科学的研究工作满怀热情。在这期间，他致力于科学的研究和著作出版，共出版了《分析学》《光学》等书。

田园乐

一七二二年，牛顿已经是位八十高龄的老人了，一向身体很健康的他，如今也渐渐呈现衰老的现象，不仅患有胆结石，还得了严重的糖尿病。米多博士很关心他的身体，劝他要小心调养，并停止一切应酬及宴客。

牛顿重要的著作《自然哲学的数学原理》第三卷，就是在病痛缠身的情形下出版的。一个荷兰拉登的年轻外科医生宾巴东，在偶然的机会里看了这本书后深受感动，越读越发觉它的伟大与深远。

后来，宾巴东写了一篇有关莱布尼兹《落体力学说》的论文，牛顿看了颇为赏识，特地跑到宾巴东的住处拜访那默默无闻的青年。从此以后，两个人便经常见面，宾巴东更成为牛顿的好帮手。宾巴东后来回忆当时情形，曾说：

“牛顿那时的记忆力已显著减退，但对于他著作的理解力仍然不错。关于这一点，正好和人们传说的相反。

“牛顿这时虽然是一位闻名全球的科学家，却丝毫没有顽固与自大的样子。”

一七二四年八月，医生从牛顿身上取出豆大的胆结石后，他的痛苦一下子减轻了不少，健康也大有进步。但好景不长，一七二五年初，他却又染上肺病和风湿病，牛顿只好接受医生的劝告移居到近郊的肯辛顿。

牛顿在肯辛顿过着悠闲恬静的生活，每天呼吸着新鲜的空气，病情终于渐渐有了好转。

一个风和日丽的春天，牛顿的老友来拜访他时，发现牛顿正要男仆在墙脚下的一个圆洞旁，另外再凿一个小洞。这个朋友觉得很奇怪，便问他说：

“你钻这么多个洞做什么呢？”

牛顿很认真地回答说：

“我养了一只小猫，它常喜欢跑到房间里头来，我看它老够不到门把，怪可怜的，所以我特地帮它开了个洞。最近它生了只可爱的小猫咪，另外那个小洞就是要给小猫咪走的。”

他的朋友听完他的话，笑得前俯后仰，过了好一会儿，才止住笑说：

“你真是越老越糊涂了，大的洞大猫可以走过去，小猫咪当然也可以自由进出呀！”

牛顿这才恍然大悟，原来牛顿这时满脑子想着：两种东西不能同时占有同一个空间，才会认为大猫和小猫不能共用一个洞呢。

牛顿在肯辛顿休养了一阵子后，身体已逐渐复原了。一七二七年他又回到了伦敦，三月二日还主持皇家学会会议，会后仍神采奕奕地与客人们聊天。

没想到，第二天他竟然旧病复发，病情急转直下。当米多博士和金田博士来看他的时候，牛顿的病情已到了无法挽救的地步。

病情这样一直持续下去，三月十五日，疼痛出乎意料地减轻了许多。十八日早晨，牛顿已经能坐在床上阅读报纸，并和米多博士交谈了很久，精神显得很好。但是，当天晚上牛顿神志又变得很不清楚，勉强拖延了两天，在三月二十一日凌晨与世长辞，这时牛顿八十五岁。

牛顿死后遗体被葬在西敏寺，那里是英国埋葬有丰功伟业的伟人英雄的地方。

牛顿虽然在科学上有伟大的成就，又享有历史上崇高的荣誉，但他从未因此自满或骄傲，他曾谦卑地自我反省说：

“我不知道世人用什么眼光看我，我只觉得自己像个在海滩上戏水的孩子，偶尔捡到一颗比较光滑美丽的贝壳，就会高兴得大喊大叫。我不知道的真理，就像那浩瀚的大海……”

牛顿年谱

公元纪年	年龄	记事
一六四二		十二月二十五日生于英国荷尔泽普村，出生时父亲已去世。
一六四五	三岁	母亲改嫁邻村牧师，牛顿与祖母相依为命。
一六四九	七岁	进私塾念书。 查理一世被处死刑。
一六五五	十三岁	进格兰桑皇家学校。 制造风车、水钟。
一六五六	十四岁	母亲第二任丈夫去世，牛顿辍学回家。
一六五八	十六岁	重回皇家学校，准备投考大学。 克伦威尔去世。
一六六〇	十八岁	查理二世复位。
一六六一	十九岁	入剑桥大学三一学院当工读生。
一六六四	二十二岁	获得三一学院奖学金。
一六六五	二十三岁	得到学士学位。 伦敦流行黑死病，停止研究工作返乡。 发现二次方定理。

公元纪年	年　龄	记　事
一六六六	二十四岁	发现引力逆二乘的法则，发现万有引力。
一六六七	二十五岁	重回剑桥大学，十月被选为特别研究员。研究光谱及反射望远镜。
一六六八	二十六岁	获得硕士学位。
一六六九	二十七岁	担任三一学院鲁加斯数学讲座教授。提出《无限项方程式的解释》论文。
一六七一	二十九岁	向皇家科学会提出反射望远镜。
一六七二	三十岁	一月被选为皇家学会会员。向皇家学会提出有关光与色本体研究的论文。
一六七五	三十三岁	向皇家科学会提出关于玻璃带电的论文。
一六七七	三十五岁	与莱布尼兹发生微积分发明权纠纷。
一六八四	四十二岁	提出《关于运动》的论文，十二月起草《自然哲学的数学原理》。
一六八五	四十三岁	查理二世逝世，其弟詹姆士二世继任王位。
一六八七	四十五岁	《自然哲学的数学原理》出版。
一六八八	四十六岁	詹姆士二世退位。
一六八九	四十七岁	被选为国会议员。母亲去世。
一六九〇	四十八岁	发表《两个显着腐败的圣经》及其他宗教论文。
一六九二	五十岁	罹患神经衰弱症，谣传狂起。
一六九六	五十四岁	任造币局监督。
一六九七	五十五岁	任造币局局长。

公元纪年	年龄	记 事
一六九九	五十七岁	辞去鲁加斯讲座职务，由霍士顿接任。 拟订历法修正案。
一七〇〇	五十八岁	发明六分仪。
一七〇一	五十九岁	发表牛顿《冷冻法则》。
一七〇二	六十岁	威廉三世去世，安妮女王继位。
一七〇三	六十一岁	任皇家科学会会长。
一七〇四	六十二岁	《光学》出版。
一七〇五	六十三岁	由安妮女王授予爵士爵位。
一七〇六	六十四岁	拉丁文版《光学》出版。
一七一〇	六十八岁	任格林尼治天文台委员长。
一七一一	六十九岁	莱布尼兹因微积分问题，向皇家学会提出诉愿。 佛拉姆斯德特的观测报告出版。
一七一三	七十一岁	《自然哲学的数学原理》再版。
一七一六	七十四岁	《光学》再版。 外甥女嘉德琳结婚。
一七二一	七十九岁	《光学》三版。
一七二五	八十三岁	迁居肯辛顿养病。
一七二六	八十四岁	《自然哲学的数学原理》三版问世。
一七二七	八十五岁	三月二十一日逝世，葬于西敏寺。

图书在版编目（CIP）数据

牛顿 / 杨政和编写. —西安：陕西人民出版社，2013
（世界伟人传记）
ISBN 978-7-224-10882-8

Ⅰ.①牛… Ⅱ. ①杨… Ⅲ. ①牛顿，I.（1642～1727）—传记—青年读物②牛顿，I.（1642～1727）—传记—少年读物 Ⅳ. ①K835.616.11-49

中国版本图书馆CIP数据核字（2013）第243349号

著作权合同登记号：25-2012-196

项目合作：锐拓传媒copyright@rightol.com

世界伟人传记 · 牛顿

编　　写：杨政和

出版发行：陕西出版传媒集团　陕西人民出版社
地　　址：西安北大街147号　邮编：710003
印　　刷：西安市建明工贸有限责任公司
开　　本：880mmx1230mm　32开　4.75印张
字　　数：84千字
版　　次：2014年2月第1版　2014年2月第1次印刷
书　　号：ISBN 978-7-224-10882-8
定　　价：15.00元